AI, 인생을 답하다

'나'라는 감옥에서 벗어나기

AI 인생을 답하다
'나'라는 감옥에서 벗어나기

질문작가 **김 덕 희**

○ 새로운 나를 찾는 분 ○ 편안한 삶을 사실 분 ○ 재도약의 꿈을 키우실 분

렛츠북

머리말

세상은 언제나 우리를 놀라게 한다.

이제는 끝이다, 더 이상 새로울 것이 없다고 생각하는 순간, 또 다른 변화가 찾아와 세상을 흔들어 놓는다. 바둑에서조차 인간과 AI가 대결하는 시대가 오리라고 누가 상상했을까. 그때 사람들은 'AI가 인간을 이길까?'라는 질문으로 온 세계가 떠들썩했다. 몇 번의 승부 끝에 AI가 인간을 넘어선 순간, 사람들은 충격과 동시에 새로운 가능성을 보았다.

그 몇 년 뒤, 드디어 AI가 단순한 계산이나 게임을 넘어, 인간의 고유한 영역이라 여겼던 '추론과 사고'의 장으로 들어오기 시작했다. 곳곳에서 AI가 생각을 정리하고, 논리를 만들어 내고, 글을 쓴다는 소식이 들려왔다. 나 역시 그 물결 앞에서 '이제 정말 큰 변화가 오고 있구나'라는 생각을 하게 되었다.

그러던 어느 날, 집필을 준비하며 나는 AI에게 질문을 던졌다. 그런데 그 답을 보는 순간 깜짝 놀랐다. '와, 공자님이 환생하셨나?' 싶을 정도로 잘 정리된 통찰을 내게 내놓았기 때문이다. 그

순간 깨달았다. '아, 이제 책은 쓰는 시대가 아니라, 쓰게 하는 시대가 되었구나.'

그때부터 나의 여정은 달라졌다. 나는 AI에게 수백 권의 책을 요약하게 하고, 그 내용을 바탕으로 질문을 던졌다. 그리고 AI가 풀어내는 답을 읽으며, 하나하나를 글로 정리해 나갔다. 단순히 글을 받아 적는 것이 아니라, 마치 오래된 지혜의 샘 앞에 앉아 대화를 나누듯 글이 흘러나왔다. 점점 AI는 내가 무엇을 원하는지, 어떤 문장을 좋아하는지, 어떤 흐름으로 이야기를 엮어가야 하는지를 알아차리기 시작했다. 놀랍게도, 그 과정에서 나는 AI와 깊이 교감하고 있다는 느낌을 받았다.

마치 내 머릿속 뇌가 밖으로 나와 함께 걸어가는 것 같았다. 생각을 함께 정리해 주고, 내가 미처 보지 못한 관점을 보여주며, 때로는 조용히 묻고 기다려 주는 동반자처럼 다가왔다. 그래서 집필은 더 이상 혼자가 아니었다. AI와 함께 사색하며 걷는 산책길 같았다.

책이 완성되어 갈수록 나는 새로운 깨달음을 얻었다. 인생은 결국 세상을 어떻게 바라보느냐의 싸움이고, 더 깊게는 자기 자신과의 싸움이라는 것이다. 우리는 흔히 세상이 나를 힘들게 한다고 생각한다. 하지만 사실은 세상보다도 내 안의 두려움, 내 안의 포기, 내 안의 불안을 이기지 못해서 무너지는 경우가 더 많다.

AI는 내게 말했다. "자기 성찰이 이루어질 때 비로소 철학이 생기고, 철학이 있는 인생만이 흔들리지 않는다." 나는 이 말을 깊이 새겼다. 성공이란 거창한 성취가 아니라, 스스로의 내면을 돌아보고 흔들림 없는 뿌리를 키워가는 과정이라는 것을 다시 확인했다.

이 책은 바로 그런 여정의 결과물이다. AI가 대신 써준 글이 아니라, AI와 나, 두 존재가 함께 걸으며 만들어 낸 사유의 흔적이다. 한쪽은 질문을 던지고, 다른 한쪽은 답을 정리하면서 결국 나 자신을 더 깊이 만나게 된 기록이다.

독자 여러분께 이 책을 건네며 나는 한 가지를 소망한다. 이 글을 읽는 동안, 여러분도 '질문하는 힘'을 다시 발견하길 바란다. 빠르게 변하는 세상 속에서 답을 찾는 것보다 중요한 것은, 스스로에게 올바른 질문을 던지는 일이다. "나는 지금 무엇을 두려워하는가? 나는 어떤 삶을 원하는가? 나답게 산다는 것은 무엇인가?" 이런 질문이 우리 삶을 단단하게 만든다.

우리가 살아가는 시대는 불확실하고 혼란스럽다. 그러나 동시에 그 속에는 무궁무진한 가능성이 숨어있다. 중요한 것은 세상이 아니라, 그 세상을 바라보는 나의 눈길이다. 내가 어떤 시선으로 세상을 보느냐에 따라 똑같은 현실도 전혀 다른 의미로 다가온다.

독자 여러분, 지금 당신 앞에 새로운 길이 열려있다. 이 책이 그 길을 걷는 데 작은 등불이 되기를 소망한다. 혼자라고 느껴질 때, 나와 함께 사유하고, AI와도 대화하며, 내면을 다잡을 수 있기를 바란다.

우리가 마주하는 변화는 끝이 아니다. 늘 새로운 시작이다.

이 책을 읽으며, 당신 안의 또 다른 '나'와 만나기를 진심으로 응원한다.

목차

머리말　　　　　　004

1장
자기 인식과 내면의 성장

과거를 새롭게 해석하기	014
'나'라는 감옥에서 탈출하기	018
자기 믿음의 총합	022
자신을 자신이라 믿는 에고	026
스스로에게 친절하게 대하라	031
고정관념에서 벗어나야 새로운 나를 볼 수 있다	034
깨우쳤다는 것은 잘못된 것을 알고 바꾸었다는 뜻이다	038
보는 것을 바꾸어야 운명이 바뀐다	041
말투와 호흡 조절	046
반사적 삶 피하기	051
신은 평화 안에서 기다린다	055

2장
성공, 실패, 그리고 도전

성공한 사람은 실패를 반복한 사람이다	060
가장 이타적인 삶이 가장 이기적인 삶이 된다	064
인생에서 가장 큰 실수는 아무것도 하지 않는 것이다	069
사람은 세상을 바꿀 능력이 없다. 세상을 바꿔봐서 바꾸는 것이다	073
안전한 길이 가장 위험한 길이 될 수 있다	076
운은 사람과 함께 온다	080
경쟁의 룰 변화	083
창조주가 되어라	087
꿈이 없으면 삶이 흐트러진다	092
성공은 우연이 아니라 '반복된 선택'이다	095
실패는 손실이 아니라 '성장 수업료'다	100
먼저 해라! 순서를 바꾸면 인생이 바뀐다	104
사람이 잘 변하지 않는 이유 5가지	109
삶의 무기력에서 벗어나는 방법	113

3장
행복, 비교, 관계

비교는 행복의 도둑이다	120
나의 행복에는 타인의 행복도 있다	123

'잘해라'보다 '잘한다'는 격려가 더 성장시킨다   128
자기합리화는 변화를 포기하는 것과 같다   131
나를 바꾸려면 만나는 사람을 바꿔야 한다   134
친구가 되고 싶으면 도움을 청하라   137
사람 존중이 칭찬이 되어야 한다   141
좋은 일과 나쁜 일을 경험해야 진정한 행복을 알게 된다   144
혼자가 아니라, 둘이 사는 것이다   149
할 말을 하고 살아라! 참으면 더 독한 말을 하게 된다   156
과정에 행복해라   159
순서를 바꿔라   163
하루를 바꾸는 웃음 습관 5가지   168
너와 나는 다르다   173

4장
일, 성장, 경제적 자유

돈 버는 데 100% 시간을 쓰면 똑같은 일을 해야 한다   178
회사를 위해 일한다고 생각하면 불만이 생긴다   183
이런 직장은 피하라   187
선택은 나를 움직이게 한다   191
인생에서 치명적인 실수 7가지   195
시간은 우리를 기다리지 않는다   199
시간을 뺏는 사람을 걸러내라   203

먼저 부자가 되고 착해져라   208
인생을 살면서 피해야 할 사람   212

5장
인생 사명

인생을 살면서 지켜야 할 사명 10가지   218
인생을 살면서 10대에 꼭 해야 하는 일은   221
인생을 살면서 20대에 꼭 해야 하는 일은   226
인생을 살면서 30대에 꼭 해야 하는 일은   230
인생을 살면서 40대에 꼭 해야 하는 일은   235
인생을 살면서 50대에 꼭 해야 하는 일은   239
인생을 살면서 60대에 꼭 해야 하는 일은   242
인생을 살면서 70대에 꼭 해야 하는 일은   246
인생을 살면서 80대에 꼭 해야 하는 일은   251

[1장]

자기 인식과 내면의 성장

과거를 새롭게 해석하기

 우리는 흔히 미래를 바꾸기 위해 새로운 계획을 세우고, 더 나은 목표를 세우면 된다고 믿습니다. 하지만 더 깊이 들여다보면, 우리의 현재 선택과 행동을 결정짓는 힘은 대부분 **과거**에서 나옵니다.
 과거의 경험, 그때 형성된 습관, 그리고 그 경험을 바라보는 해석이 오늘의 나를 만들었고, 오늘의 내가 내일을 만듭니다.

(1) 과거의 습관이 미래를 가로막는다

 습관은 삶의 자동 조종 장치입니다. 우리가 무심코 반복하는 말투, 행동, 사고방식은 모두 과거에 학습된 것입니다.
 문제는, 그 습관이 더 이상 나를 성장시키지 못함에도 불구하고 여전히 무의식 속에서 반복되고 있다는 점입니다.
 예를 들어, 과거에 '위험을 피하는 것이 안전하다'는 생각이 몸에 배었다면, 새로운 기회가 와도 발걸음을 떼지 못합니다.

습관을 바꾸지 않으면 미래의 궤적은 과거의 복사본이 될 뿐입니다.

(2) 고정관념이 가능성을 막는다

고정관념은 '이게 전부야'라는 무언의 틀입니다. 과거의 경험 속에서 만들어진 한계가 내 가능성을 가두고 있습니다.

"나는 원래 이런 사람이야."
"그건 나랑 안 맞아."
"이 나이에 무슨….'

이런 말은 현실의 한계가 아니라, 과거의 틀에 갇혀 사는 선언입니다. 고정관념은 현실보다 강력합니다. 현실은 변할 수 있지만, 고정관념은 변화를 가로막는 문을 잠급니다.

(3) 과거의 '해석'이 인생을 규정한다

더 본질적인 문제는 '사실'이 아니라 '해석'입니다. 같은 사건이라도 어떤 사람은 '교훈'으로 삼고, 어떤 사람은 '상처'로 남깁니다.

과거의 사건이 현재를 결정하는 것이 아니라, 그 사건을 **내가 어떻게 해석했는지가 현재를 결정**합니다.

예를 들어, 사업에 실패한 경험이 '나는 재능이 없다'라는 해석으로 남으면, 평생 다시 도전하지 않습니다.

하지만 같은 실패를 '나는 귀중한 경험을 얻었다'로 해석하면, 그 실패는 미래를 여는 자산이 됩니다.

(4) 과거를 바꿔야 미래가 바뀐다

우리는 시간 여행을 할 수 없습니다. 하지만 **과거에 대한 해석을 바꾸는 여행**은 언제든 가능합니다.

① 과거의 습관을 점검하고, 불필요한 것은 버린다.
② 과거의 고정관념을 의심하고, 나를 가두는 틀을 깨뜨린다.
③ 과거의 사건을 새로운 시각으로 재해석해 자산으로 만든다.

이 과정을 거치면, 과거가 나를 묶는 족쇄에서 나를 밀어주는 발판으로 변합니다.

(5) 지금부터 할 수 있는 실천

① 내 인생의 주요 장면 5개를 적어보기: 기쁨, 좌절, 선택의 순간 모두 포함한다.

② 그때 내렸던 해석을 기록하기: '나는 무능하다', '사람은 믿을 수 없다'와 같은 생각들을 기록한다.
③ 그 해석을 바꿔쓰기: '그때는 준비가 부족했지만, 다시 하면 더 잘할 수 있다'와 같이 적어본다.
④ 과거의 나에게 편지 쓰기: 그 시절의 나를 위로하고, 격려하는 글을 남긴다.

과거를 바꾸지 않으면, 미래는 바뀌지 않습니다. 하지만 과거를 바꾸는 것은 사건을 지우는 것이 아니라, **그 사건을 바라보는 나의 시각을 바꾸는 것**입니다.

습관을 바꾸고, 고정관념을 의심하며, 해석을 새롭게 하면, 어제의 나는 오늘의 나를 가로막는 적이 아니라, 내일의 나를 돕는 동반자가 됩니다. 결국 인생의 변화는 미래에서 시작되지 않습니다.

인생은 과거를 새롭게 바라볼 때 비로소 바뀝니다.

'나'라는 감옥에서 탈출하기

우리는 누구나 '나'라는 존재 안에 갇혀 살아갑니다.

"나는 이런 사람이야."

"나는 원래 못해."

"나는 그런 성격이 아니야."

이 말들은 마치 우리 안에 스스로 만들어 놓은 **보이지 않는 감옥의 벽**과도 같습니다.

어릴 때 부모님에게 들었던 말, 친구에게 받았던 상처, 실패했던 기억, 세상이 주입한 기준들. 그 모든 것들이 차곡차곡 쌓여 '나'라는 정체성을 만들었습니다.

그리고 우리는 그 정체성에 스스로를 가둡니다. 더 나아갈 수도, 더 높이 날 수도 있었는데 "나는 원래 이런 사람이니까"라며 가능성을 닫아버립니다.

하지만 그 감옥은 진짜가 아닙니다. **그 감옥은 기억으로 만들어진 허상입니다.** '나'라는 존재는 절대 고정된 실체가 아닙니다. 우리는 매 순간 생각하고 선택하며 **변화하는 존재**입니다.

(1) 감옥을 만든 것은 나였다

스스로를 정의할 수 있다는 건 인간만의 특별한 능력입니다. 그런데 문제는 우리가 그 정의를 너무 **일찍, 좁게** 내린다는 겁니다.

"나는 숫자에 약해."

"나는 사람들 앞에 나서기 싫어."

"나는 원래 게을러."

이 말들은 마치 스스로 감옥에 문을 걸어 잠그는 행위입니다. 그 감옥에서 벗어나기 위해서는 먼저 이렇게 물어야 합니다.

"내가 나에 대해 믿는 이 생각은 사실일까?"

그리고 한 번쯤 과감히 의심해 보세요. 내가 만든 '나'는 틀렸을 수도 있다는 가능성을.

성장하는 사람은 '자기 자신'을 고정된 존재로 보지 않습니다. 그들은 자신을 매일 새롭게 정의합니다. 어제의 실수도 오늘의 한계를 말하지 않고, 과거의 실패도 미래의 기준으로 삼지 않습니다.

(2) 나를 바꾸는 첫걸음은 질문이다

어떤 사람이 있었습니다. 늘 자신을 "나는 운이 없는 사람이야"라고 말하곤 했습니다. 그래서 도전을 두려워했고, 기회가 와도 잡지 못했습니다.

그러던 어느 날, "혹시 내가 운이 없다고 믿어서 기회를 못 보는 건 아닐까?"라고 아주 단순한 질문을 던졌습니다.

그 순간 그의 시야가 바뀌기 시작했습니다. 기회는 늘 있었고, 그걸 피한 건 바로 자신이었다는 사실을 깨달았습니다.

그는 더 이상 '운이 없는 사람'이 아니라, '기회를 발견하고 행동하는 사람'으로 변했습니다.

이처럼 **좋은 질문은 감옥의 열쇠**입니다. "나는 왜 이렇게밖에 못할까?" 대신, "어떻게 하면 더 잘할 수 있을까?"를 묻는 순간, 당신은 감옥의 문을 열고 나오는 것입니다.

(3) 당신은 매일 다시 태어날 수 있다

나라는 감옥에서 탈출하려면 용기가 필요합니다. 과거의 나를 버리는 용기, 익숙한 나를 의심하는 용기, 그리고 **새로운 나로 살아갈 용기**입니다.

우리는 누구나 다시 태어날 수 있습니다. 한 번의 선택, 하나의 행동, 단 한마디 말로도 우리는 어제를 넘어설 수 있습니다.

"나는 더 이상 과거의 내가 아니다."

그 결심이 바로 감옥의 벽을 무너뜨리는 시작입니다.

(4) 마무리하며

　사람은 '내가 어떤 사람인지'보다 '어떤 사람이 되고 싶은지'를 기준으로 살아야 합니다.

　감옥 안에 머물지 마세요. 그 감옥은 당신이 만든 것이니, 당신만이 나올 수 있습니다. 지금 이 순간, 스스로를 바꾸겠다는 한 줄기 결심으로 당신은 탈출할 수 있습니다.

　"나는 어제의 내가 아니다."

　이 말 한마디로 새로운 세상이 열립니다. 그리고 그 세상엔, 당신이 꿈꿔온 진짜 모습이 기다리고 있습니다.

자기 믿음의 총합

우리가 거울 속에서 보는 얼굴은 단순히 생물학적 유전자의 결과가 아닙니다. 그 얼굴에는 지금까지 내가 해왔던 모든 선택, 품어왔던 생각, 그리고 무엇보다 '나는 이런 사람이다'라는 믿음이 고스란히 담겨있습니다.

사람은 하루에도 수백 번씩 자신에 대한 내적 선언을 합니다.
"나는 원래 소심한 사람이야."
"나는 운이 없는 편이야."
"나는 성실해."
"나는 무언가를 해낼 수 있어."

이러한 '자기 믿음'이 모여서, 말투가 되고, 행동이 되고, 관계의 스타일이 되고, 결국 인생의 패턴이 됩니다. 즉, 지금 내 모습은 **나라는 믿음이 숫자로 합산된 총계와 같습니다.**

(1) 믿음이 만드는 인생의 궤도

인생을 바꾸고 싶다면 환경보다 먼저 '믿음'을 바꿔야 합니다. 왜냐하면 환경은 믿음을 따라 변하기 때문입니다.

예를 들어, 스스로를 '나는 배우는 속도가 느려'라고 믿는 사람은 기회가 와도 시도하지 않거나, 중간에 포기할 확률이 높습니다. 반대로, '나는 배울 수 있는 힘이 충분히 있어'라고 믿는 사람은 기회가 왔을 때 끝까지 붙잡고, 결과적으로 능력을 키워냅니다.

이 차이는 재능이나 조건이 아니라 **자기 믿음의 차이**에서 나옵니다. 믿음이 행동을 만들고, 행동이 결과를 만들며, 결과가 다시 믿음을 강화하는 순환이 일어나기 때문입니다.

(2) 믿음은 어떻게 형성되는가?

우리의 자기 믿음은 크게 세 가지 경로로 만들어집니다.

① 과거의 경험: 성공, 실패의 기억이 자기 인식의 틀을 만듭니다.
② 타인의 말: 부모, 스승, 친구, 사회가 우리에게 던진 말들이 잠재의식에 새겨집니다.
③ 스스로의 해석: 같은 사건도 내가 어떻게 해석하느냐에 따라 '나는 이런 사람'이라는 믿음이 굳어집니다.

특히 세 번째, **나 스스로의 해석**이 결정적입니다. 실패했더라도 '나는 부족하다'가 아니라 '나는 아직 배우는 중이다'라고 해석하면 믿음의 방향이 완전히 달라집니다.

(3) 믿음을 바꾸면 인생이 바뀌는 이유

심리학자 윌리엄 제임스는 "인간은 자신이 믿는 바에 의해 한계를 만든다"고 했습니다. 즉, 한계를 넘어서는 첫걸음은 믿음을 바꾸는 것입니다.

① 믿음이 바뀌면 시야가 넓어집니다. '나는 할 수 있다'고 믿으면 이전에는 보이지 않던 기회가 눈에 들어옵니다.
② 믿음이 바뀌면 행동의 강도가 달라집니다. 같은 일을 해도 '되는 길'이라는 확신이 있으면 집중력과 끈기가 훨씬 강해집니다.
③ 믿음이 바뀌면 관계가 달라집니다. 자기 자신을 가치 있게 믿는 사람은 타인의 시선에 휘둘리지 않고, 건강한 관계를 만듭니다.

(4) 자기 믿음을 성장시키는 방법

① 말 습관 바꾸기: "나는 안 돼"라는 말을 입에서 지우고, "나는 해볼 수 있어"로 대체합니다. 말이 믿음을 만들기 때문입니다.

② 작은 성공 반복하기: 크든 작든 해낸 경험이 믿음을 강화합니다. 설거지를 끝내는 것, 5분 운동하는 것도 좋은 시작입니다.

③ 긍정적인 사람과 어울리기: 주변의 시선과 말투가 나의 믿음을 형성합니다. 나를 믿어주는 사람 곁에 머무르세요.

④ 과거 해석 새로 쓰기: 실패를 '내 한계'로 정의하지 말고, '내 성장 과정'으로 재해석합니다.

⑤ 미래 자화상 그리기: '나는 어떤 사람이 될 것이다'라는 그림을 구체적으로 그려놓으면, 그 이미지에 맞게 행동하게 됩니다.

(5) 결론 – 나는 내가 믿는 나다

우리는 종종 환경, 조건, 운명을 탓합니다. 그러나 삶을 결정짓는 진짜 원인은 그보다 더 깊은 곳, '내가 믿는 나'에 있습니다. 내가 스스로를 조금 믿으면 삶도 작아지고, 많이 믿으면 삶도 커집니다.

오늘 거울을 볼 때, 단순히 외모를 보는 대신 이렇게 물어보세요.

"나는 지금 어떤 믿음을 합산한 모습인가?"

그리고 그 믿음을 조금만 더 넓히고, 깊게 하고, 따뜻하게 만들어 보세요. 그 변화가 쌓이면, 1년 뒤, 5년 뒤, 전혀 다른 '나'가 거울 속에 서 있을 것입니다.

자신을 자신이라 믿는 에고

"나는 이런 사람이야."

"내가 틀릴 리 없어."

"이건 나답지 않아."

우리는 매일 이런 말을 하며 살아갑니다. 하지만 정작 그 '나'가 누구인지 깊이 들여다본 적은 없는 경우가 많습니다. 대부분의 사람은 자신을 '자신'이라고 믿으며 살지만, 그 믿음 뒤에는 에고(Ego)라는 교묘한 그림자가 있습니다.

에고는 '자기 자신에 대한 생각'으로 만들어진 허상이며, 실제 자아(Self)와는 다릅니다.

(1) 에고는 내가 아니다

에고는 끊임없이 증명하고, 비교하고, 지키려 합니다.

"내가 옳아야 한다."

"내가 인정받아야 한다."

"내가 더 나아야 한다."

에고는 자아를 보호하는 방어막처럼 보이지만, 실은 우리를 가장 좁은 감옥에 가둡니다.

에고는 '자기 자신'에 대한 집착이기에, 누군가의 비판에도 쉽게 무너지고, 실패 앞에서는 금세 좌절합니다. 왜냐하면, **에고는 변화하지 않는 나**를 전제로 삼고 있기 때문입니다.

하지만 인생은 끊임없이 변화합니다. 사람은 성장하고, 배우고, 실수하면서 달라집니다. 그런데 에고는 그 변화마저도 부정하며, **'지금의 나'가 전부인 양 속삭입니다.**

(2) 에고의 속삭임에 속지 마라

에고는 우리가 진정한 자신을 만나지 못하게 합니다. 우리가 화를 낼 때, 그것은 진짜 내가 아닙니다. 누군가를 부러워하고, 증오하고, 얕잡아볼 때, 그것은 깊은 내면의 '참나'가 아니라, **에고가 만들어 낸 허상**입니다.

에고는 과거의 상처, 사회의 기준, 타인의 시선을 모아 만든 가면입니다. 그리고 우리는 그 가면을 '진짜 나'라고 착각하며 살아갑니다. 그러나 그 에고는 우리가 만든 것이고, 우리가 벗을 수도 있는 것입니다.

(3) 깨어있는 사람은 에고를 본다

깨어있는 사람은 자신을 바라보는 관찰자가 됩니다.
화를 낼 때, 스스로에게 묻습니다.
"지금 이 감정은 어디에서 오는가?"
비교가 올라올 때, 알아차립니다.
"왜 나는 이 사람과 자신을 비교하는가?"
이렇게 에고를 바라보는 순간, 우리는 에고에 휘둘리지 않게 됩니다.
에고가 나를 통제하는 것이 아니라, **내가 에고를 인식하고, 그로부터 자유로워지는 것**, 그것이 진정한 '자기 자신'으로 사는 길입니다.

(4) 에고를 벗어나면 진짜 나를 만난다

에고는 우리를 끊임없이 분리시키지만, 진정한 자아는 연결을 지향합니다.
에고는 성과로 나를 평가하지만, 참나는 **존재 그 자체로 충분하다는 평화**를 줍니다.
에고는 비교하지만, 자아는 공감합니다.
에고는 두려워하지만, 자아는 신뢰합니다.

에고는 증명하려 하지만, 자아는 그냥 존재합니다.

에고를 내려놓을수록 삶은 가벼워집니다. 사람들과의 관계도 부드러워지고, 실패와 변화 앞에서도 흔들리지 않습니다.

에고는 나를 '고정된 존재'로 만들지만, 참나는 나를 '무한히 성장하는 존재'로 열어줍니다.

(5) 당신은 당신이 아니다. 당신은 훨씬 더 크다

우리는 흔히 "나는 나답게 살고 싶다"라고 말합니다. 하지만 에고는 언제나 이렇게 속삭입니다.

"나답다는 건, 남들과 달라야 하고, 항상 강해야 하고, 틀리지 않아야 해."

하지만 진짜 '나답다'는 건, **약할 수도 있고, 틀릴 수도 있고, 실패할 수도 있는 나를 인정하는 것**입니다. 그 모든 순간에도 나는 나이고, 그 모든 과정이 나를 성장시키는 여정이라는 걸 아는 것입니다.

진짜 '나'는 성장이며 변화입니다. 진짜 '나'는 조용한 내면에 있고, 평화 속에 존재합니다. 그리고 그 '나'는 에고가 아닙니다.

(6) 마무리하며

당신이 지금 어떤 모습이든, 그것은 단지 **지나가는 하나의 형태일 뿐**입니다. 에고는 그 형태를 '영원한 나'라고 주장하지만, 당신은 훨씬 더 넓고 깊은 존재입니다.

그러니 에고에 갇히지 마세요. 에고의 그림자에서 벗어나, **진짜 당신**으로 살아가세요. 그 순간, 삶은 훨씬 더 깊고, 따뜻하며, 자유로워질 것입니다.

스스로에게 친절하게 대하라

"나에게 친절할 때 남에게도 친절할 수 있다."

우리는 살아가며 수없이 많은 사람들을 만납니다. 가족, 친구, 동료, 낯선 사람들까지. 그들과의 관계 속에서 우리는 친절을 베풀기도 하고 상처를 주기도 합니다.

그런데 가만히 들여다보면, 우리가 남에게 베푸는 친절의 깊이는 결국 자신에게 얼마나 친절한가에 달려있습니다.

많은 사람들이 타인을 돕고 이해하려 애쓰지만, 정작 자기 자신에게는 너무나 가혹합니다. 실패 앞에서 '왜 그랬을까, 또 못했네'라고 스스로를 질책하고, 쉬고 싶을 때도 '이 정도는 참아야지'라며 자기 마음을 외면합니다.

그렇게 자신을 몰아붙이고, 희생하고, 참고 살다 보면 결국 마음속 깊은 곳에서 메마름이 시작됩니다.

자신에게 친절하지 않으면 타인의 따뜻함도 낯설게 느껴집니다. 칭찬을 들어도 '저 사람이 그냥 하는 말이지'라고 넘기고, 누군가 배려하면 '내가 불쌍해 보여서 그러나?' 하고 오해하게 됩니다. 내 마음을 외면하는 만큼, 타인의 마음도 멀게 느껴지는 겁니다.

(1) 왜 '자기 친절'이 먼저일까?

심리학자 크리스틴 네프(Kristin Neff)는 '자기 자비(self-compassion)'라는 개념을 통해 말합니다.

자기 자비란 곧 **자신을 인간으로 받아들이는 태도**입니다. 실수할 수도 있고, 부족할 수도 있고, 넘어질 수도 있다는 것을 인정하는 것입니다. 그렇게 나를 이해하고 다독일 수 있어야, 비로소 우리는 **타인의 부족함도 끌어안을 수 있는 여유**를 가질 수 있습니다.

나에게 친절하다는 건, 나를 무조건 감싸주고 변명하는 게 아닙니다. 나의 잘못을 직시하되, 그것을 이유로 나를 미워하지 않는 것입니다.

조금 느려도 괜찮다, 오늘은 이만큼 한 나도 대견하다, 지금의 나도 괜찮다는 그 한마디가 삶을 회복시키는 놀라운 힘이 됩니다.

(2) 삶의 관계를 바꾸고 싶다면, 가장 먼저 해야 할 일

인간관계가 힘들다고 느껴질 때, 그 해답은 밖이 아닌 '내 안'에 있을지도 모릅니다. 관계의 갈등, 오해, 상처는 종종 내가 나를 이해하지 못할 때 더 깊어집니다.

자신을 자주 책망하는 사람은 남의 실수에도 민감합니다. 자신을 자주 무시하는 사람은 남의 말 한마디에도 쉽게 흔들립니다. 그러나 스스로에게 친절한 사람은, 세상의 날카로운 말도 쉽게 마음에 들이지 않습니다.

자신을 있는 그대로 받아들이는 사람은, 타인의 부족함도 있는 그대로 볼 줄 압니다.

"따뜻한 사람이 되고 싶다면, 나를 따뜻하게 대하라."

그것이 모든 관계의 출발점입니다.

(3) 오늘, 나에게 해주어야 할 한마디

아침에 일어나 거울을 보며 말해보세요.

"수고했어. 너 정말 잘하고 있어."

하루를 마무리하며 스스로에게 건네보세요.

"오늘도 살아줘서 고마워."

그 짧은 말 한마디가 당신을 살립니다. 그리고 그런 당신이, 누군가에게도 다시 살아갈 용기가 됩니다.

스스로에게 친절하세요. 그것이 세상을 더 부드럽게 만들 수 있는 가장 확실한 시작입니다.

고정관념에서 벗어나야
새로운 나를 볼 수 있다

우리는 대부분 자신을 잘 안다고 생각합니다. 성격, 성향, 재능, 가능성까지… 이미 다 알고 있다고 느낍니다. 하지만 정작 그 '나'는 내가 만든 고정관념 속에 갇혀있을지 모릅니다.

"나는 원래 이런 사람이야."

"난 숫자에 약해."

"나는 리더 타입은 아니야."

이런 말들은 단순한 사실처럼 보이지만, 사실은 **무의식이 나에게 씌운 프레임**일 수 있습니다. 한때의 경험이나 타인의 평가가 내 가능성을 가두는 감옥이 되는 겁니다.

(1) 고정관념은 과거의 정보로 현재를 제한한다

고정관념은 익숙함에서 나옵니다. 그 익숙함은 대부분 과거에서 형성됩니다. 어릴 적 실패, 부모의 말, 선생님의 판단, 사회의 기준… 이런 것들이 모여 내 안의 '나'라는 이미지를 굳힙니다.

문제는, 그 이미지가 **이미 낡았다는 것**입니다. 우리는 매일 성장합니다. 어제의 나와 오늘의 나는 분명 다릅니다. 그런데도 고정관념은 "넌 안 돼", "넌 여기까지야"라고 속삭이며 성장의 문을 닫아버립니다.

자기 자신을 너무 잘 안다고 믿는 것, 그게 어쩌면 가장 큰 오해일 수 있습니다.

(2) 새로운 나는 늘 가능성으로 존재한다

자기 자신에 대한 진짜 이해는 '나는 어떤 사람일까?'가 아니라 '나는 어떤 사람이 될 수 있을까?'라는 질문에서 시작됩니다.

잠재력은 경험을 통해 자랍니다. 시도해 보지 않으면 절대 알 수 없습니다. 한 번도 발표를 해본 적 없던 사람이 우연히 마이크를 잡고 사람들의 마음을 울릴 수도 있습니다. 운동에 소질 없다고 여긴 사람이 어느 날 달리기에서 뿌듯함과 자신감을 얻을 수도 있죠.

중요한 건, 그 가능성을 스스로 **닫지 않는 것**입니다. 가능성은 항상 '바깥'에 있습니다. 고정관념이라는 울타리를 넘어설 때만 새로운 나를 만날 수 있습니다.

(3) 고정관념을 깨는 가장 좋은 방법

① 자주 스스로에게 질문하세요. "정말 내가 이걸 못하는 걸까?", "예전 경험이 지금에도 그대로 적용될까?" 자문은 깨달음의 문을 여는 열쇠입니다.

② 낯선 환경에 나를 던져보세요. 새로운 경험은 내 안의 숨은 면을 드러나게 합니다. 익숙한 사람, 익숙한 장소, 익숙한 일에서 벗어날 때 내 안의 또 다른 내가 깨어납니다.

③ 스스로를 명사형이 아닌 '동사형'으로 정의하세요. 나는 리더가 '아니다'가 아니라, '리더십을 배우는 중이다'라고요. 나는 창의적인 사람이 '아니다'가 아니라, '창의력을 키우는 중이다'라고요. 나를 고정된 존재가 아닌 변화 중인 존재로 인식하는 것, 그게 진짜 성숙입니다.

(4) 결국 나를 가로막는 건 '나'였다

우리는 종종 바깥세상이 우리를 억압한다고 생각합니다. 기회가 없다고, 운이 없다고, 환경이 부족하다고 말합니다. 하지만 가장 큰 장애물은 **내 안에 있는 보이지 않는 생각**입니다.

고정관념은 벽처럼 단단하지 않지만, 그 벽이 만든 그림자는 꽤나 깊습니다. 그림자에서 나와야 햇살이 비춥니다. 고정관념이라는 그림자에서 벗어날 때, 비로소 새로운 나를 만나게 됩니다.

(5) 당신은 생각보다 훨씬 더 멋진 사람이다

　세상은 당신 안의 숨은 가능성을 다 알지 못합니다. 어쩌면 당신조차 아직 모릅니다. 하지만 그 가능성은 분명히 존재합니다.
　그건 노력으로 얻는 게 아니라, **꺼내는 일**입니다. 그 꺼냄은 **기존의 생각을 내려놓는 것**에서 시작됩니다.
　그러니 이제 말해봅시다. "나는 원래 이런 사람이야"라는 말을 "나는 어떤 사람이 될 수도 있어"로 바꿔보세요. 당신의 내일은 지금보다 훨씬 더 넓고, 자유로워질 것입니다.

깨우쳤다는 것은
잘못된 것을 알고 바꾸었다는 뜻이다

우리는 종종 '깨우침'이라는 단어를 듣고는 마치 어떤 위대한 진리나 깊은 철학을 이해한 것처럼 느낍니다. 그러나 진짜 깨우침은 그렇게 거창한 것이 아닙니다. 그것은 오히려 매우 단순하고 실천적인 삶의 태도에서 비롯됩니다.

진짜로 깨어있는 사람은, 무엇이 잘못되었는지를 빨리 알아차리고, 그 잘못을 끝까지 끌고 가지 않습니다.

많은 사람들이 똑같은 실수를 반복하며 살아갑니다. 왜냐하면 자신이 실수했다는 것을 인정하지 않기 때문입니다. 자존심, 체면, 고집이라는 이름의 장벽이 그 인정을 가로막습니다.

하지만 인생을 잘 사는 사람, 성숙한 사람은 다릅니다. 그들은 완벽해서가 아니라 자신의 불완전함을 빨리 받아들일 줄 압니다. 그것이 진짜 깨우침입니다.

어떤 성인은 이렇게 말했습니다.

"나는 많이 배운 사람이 아니다. 다만 내가 틀렸을 때 그것을 인정하고 고칠 줄 알았을 뿐이다."

이 말은 우리에게 강한 메시지를 줍니다. 깨우쳤다는 건 '옳은 길을 안다'는 선언이 아니라 '그른 길에서 돌아설 줄 안다'는 선택입니다. 깨우침은 고집을 꺾는 용기이고, 자기합리화를 멈추는 결단입니다.

때로는 그것이 자존심을 내려놓는 일일지라도 진짜 성장하는 사람은 그걸 두려워하지 않습니다.

우리는 누구나 실수합니다. 하지만 중요한 건 그 실수를 어떻게 다루느냐입니다. 아는 것이 중요한 것이 아니라, **아는 것을 받아들이고 바꾸는 것**이 더 중요합니다.

지혜로운 사람은 틀렸다는 사실을 빨리 인정하고, 고치기 위해 행동합니다. 이 행동의 속도가 곧 그의 인생의 방향을 바꿉니다.

깨우침은 대단한 명상을 통해 오는 것이 아닙니다. 일상의 실수 속에서, 그 작은 실수 하나를 놓치지 않고 고칠 수 있는 사람에게 주어지는 삶의 선물입니다.

그래서 우리는 이렇게 말할 수 있습니다.

"그는 깨우친 사람이었다."

그 의미는 단순히 많이 안다는 것이 아닙니다. **틀린 것을 빨리 인정하고, 고친 사람이라는 뜻입니다.**

결국 깨우침이란 '내가 옳다'는 증명이 아니라, '나는 틀릴 수 있다'는 자각에서 시작됩니다. 그 자각이 빠른 사람일수록 더 나은 선택을 하고, 더 성장하며, 더 행복한 삶을 살아갑니다.

그러니 혹시 지금 무언가 잘못되었음을 느꼈다면, 그걸 '깨달았다는 것' 자체가 이미 축복입니다. 이제, 바꾸면 됩니다. 그게 바로 깨어있는 삶입니다.

보는 것을 바꾸어야 운명이 바뀐다

사람은 하루에도 수천 가지를 봅니다. 길을 걸을 때 마주치는 표정들, SNS에서 스쳐 지나가는 정보, 뉴스에서 나오는 자극적인 장면, 그리고 내 주변의 일상들.

그 많은 '본다'는 행위 속에서 우리는 무언가를 해석하고, 느끼고, 생각하고, 결국에는 행동합니다. 이 흐름을 정리하면 이렇습니다.

보는 것 → 감정 → 생각 → 행동 → 운명

이 글은 이 흐름이 어떻게 작동하는지를 풀어내며, **왜 '보는 것'을 바꾸는 일이 운명을 바꾸는 첫걸음인지**를 논리적으로 설명하고자 합니다.

(1) 보는 것이 감정을 만든다

우리는 세상을 '있는 그대로' 보지 않습니다. 우리는 **보고 싶은 대로 보고, 배운 대로 해석하고, 믿는 만큼 받아들입니다.**

예를 들어, 누군가는 비 오는 날을 '우울하다'고 보고, 다른 누군가는 '커피가 생각나는 로맨틱한 날'로 느낍니다. 같은 날씨, 같은 장면이지만 **보는 방식이 다르니 감정도 다릅니다.**

이처럼 우리가 바라보는 세상의 장면은 **감정의 뿌리**가 됩니다. 눈앞에 어떤 상황이 벌어졌을 때, 우리는 '사실'이 아니라 **그 사실을 바라보는 시선**에 따라 감정을 만듭니다.

상사가 무표정할 때 어떤 이는 '날 싫어하나?' 하며 불안을 느끼고, 어떤 이는 '피곤하신가 보다' 하고 넘어갑니다.

결국, 우리가 **어떻게 보느냐에 따라 감정은 달라진다는 것**입니다. 즉, **보는 것을 바꾸면 감정이 바뀝니다.**

(2) 감정은 생각을 만든다

감정은 일회성으로 지나가는 것 같지만, 사실은 **사고방식에 영향을 미치는 감각적 기초**입니다.

불안한 감정이 반복되면 부정적인 생각이 자주 떠오르고, 사람에 대한 신뢰가 낮아지고, 자기 자신조차 믿지 못하게 됩니다.

반대로, 감사의 감정이 자주 생기면 긍정적인 생각이 자연스럽게 따라오고, 인간관계가 유연해지고, 기회를 발견하는 눈이 열립니다.

감정이란, **생각의 방향을 설정하는 바람의 세기**와 같습니다. 감정이 흐르면, 그 흐름을 따라 생각이 형성됩니다. 즉, **감정이 근본적으로 바뀌어야 생각이 달라지는 것입니다.**

(3) 생각은 행동을 만든다

생각이란 **행동의 설계도**입니다. 사람은 생각하지 않고는 움직일 수 없습니다. 모든 행동은 어떤 생각의 결과입니다.

예를 들어, '나는 잘할 수 있어'라는 생각을 가진 사람은 새로운 기회를 두려워하지 않고 도전합니다. '어차피 안 될 거야'라고 믿는 사람은 시작조차 하지 않습니다.

생각은 보이지 않지만, **행동의 모양을 결정짓는 보이지 않는 손**입니다. 즉, **생각이 바뀌면 행동이 바뀌고, 생각이 갇혀있으면 행동도 반복될 뿐입니다.**

(4) 행동은 운명을 만든다

운명이란 단어는 때때로 너무 크고 멀게 느껴지지만, 사실 운명이란 **하루하루 쌓인 행동의 총합**입니다.

매일 10분 책을 읽는 행동은, 1년 뒤 놀라운 지식을 만들고, 그 지식이 사람을 만나게 하고, 그 만남이 인생을 바꾸는 기회를 줍니다.

반대로, 작은 회피, 작은 핑계, 작은 미룸이 결국 아무것도 이루지 못한 결과로 연결됩니다.

즉, **행동은 우연처럼 보이는 '운명'을 만들어 내는 필연적인 힘**입니다. 그리고 그 행동은 다시, **감정과 생각과 바라보는 시선에서 시작된 것**임을 알 수 있습니다.

(5) 다시 처음으로 – 왜 '보는 것'이 중요한가?

'보는 것'을 바꾸는 일이 어렵지 않게 들릴 수도 있습니다. 그러나 실제로는 **가장 깊은 변화의 출발점**이 됩니다.

세상은 변하지 않습니다. 늘 거기 있습니다. 그러나 우리가 **어떻게 보느냐에 따라** 세상은 전혀 다른 빛으로 보입니다.

과거를 실패로만 보느냐, 성장의 기록으로 보느냐. 타인을 경쟁자로 보느냐, 동료로 보느냐. 지금 상황을 고통으로 보느냐, 기회의 문턱으로 보느냐….

그 차이가 **감정을 바꾸고, 생각을 다르게 하고, 행동을 새롭게 하며, 결국 운명을 변화시킵니다.**

(6) 결론 – 인생을 바꾸고 싶다면 먼저 눈을 바꿔라

우리는 누구나 운명을 바꾸고 싶어 합니다. 더 나은 삶, 더 풍요로운 관계, 더 깊이 있는 존재로 살고 싶습니다. 하지만 그 시작은 거창한 결심이 아니라, **지금 눈앞의 장면을 어떻게 바라보느냐에서 출발합니다.**

"보는 것을 바꾸면 감정이 바뀌고, 감정이 바뀌면 생각이 달라지고, 생각이 달라지면 행동이 달라지고, 행동이 달라지면, 운명이 바뀐다."

오늘 하루, 당신은 무엇을 보고 있나요? 지금 보고 있는 그 장면을 다르게 해석해 보세요. 운명은 그렇게, **바라보는 시선 하나에서 서서히 바뀌어 갑니다.**

말투와 호흡 조절

한 사람의 말투에는 그의 내면이 드러납니다. 말은 생각의 소리이고, 말투는 감정의 습관입니다.

같은 말이라도 어떻게 하느냐에 따라 전혀 다른 결과를 가져옵니다. "괜찮아"라는 말도 따뜻하게 건네면 위로가 되지만, 차갑게 내뱉으면 무관심이 됩니다.

말투는 마음의 방향을 결정짓는 나침반입니다. 그리고 이 말투를 조절할 수 있다면, 우리는 더 깊은 관계를 만들고 더 많은 기회를 잡으며, 더 나은 인생을 향해 나아갈 수 있습니다.

그렇다면 어떻게 말투를 바꿀 수 있을까요? 많은 이들은 어릴 때부터 익숙해진 말투가 쉽게 고쳐지지 않는다고 말합니다. 하지만 그 말투의 뿌리를 찾아가 보면, 그것은 생각과 감정의 습관이고, 그 습관은 '호흡'이라는 단순한 행위로부터 달라질 수 있습니다.

(1) 동서양 명상의 공통점, 호흡

동양의 참선, 요가, 서양의 명상이나 마인드풀니스까지. 고대로부터 전해져 내려오는 다양한 수행법의 공통점은 하나입니다. **호흡을 관찰하라는 것입니다.**

왜 호흡일까요? 호흡은 자율신경과 연결되어 있습니다. 우리가 의식하지 않아도 자동으로 움직이지만, 동시에 의식적으로 조절할 수 있는 몇 안 되는 기능 중 하나입니다.

긴장하면 호흡이 짧아지고, 안정되면 호흡이 길어집니다. 감정이 요동칠 때, 호흡만 깊게 유지해도 뇌는 '아, 괜찮구나'라고 인식하게 됩니다. 이로 인해 마음은 차분해지고, 자율신경은 안정되며, 말투도 부드러워집니다.

말투는 단순히 발성이나 억양의 문제가 아닙니다. 그것은 우리의 **신경계 상태**, 즉 긴장 상태냐, 안정 상태냐에 따라 달라집니다. 말이 거칠고 빠른 사람들은 대부분 안에 뭔가가 조급하거나 불안합니다. 반면, 명상가들이나 심리적으로 안정된 사람들의 말은 부드럽고 느립니다.

(2) 명의는 말이 빠르지 않다

훌륭한 의사를 떠올려 보세요. 그들은 대부분 말이 빠르지 않습니다. 진단할 때도, 설명할 때도, 상대의 이야기를 들을 때도, 여유가 있습니다. 왜 그럴까요?

그들은 한 사람의 상태를 진심으로 이해하려 하기 때문입니다. 마음을 다스릴 줄 아는 이들은 말에 '쉼표'를 넣을 줄 압니다. 그 쉼표는 생각의 간격이고, 배려의 여백입니다.

말을 빠르게 내뱉으면 판단이 앞서고, 판단이 앞서면 공감이 줄어듭니다. 빠른 말은 상대를 몰아붙이기 쉽고, 조급한 결론으로 이어지기 쉽습니다. 반면, 말이 느리고 차분하면 대화 속에 공간이 생깁니다. 상대방은 그 공간 안에서 스스로를 돌아볼 수 있게 됩니다.

말투가 느리다는 것은 단순히 말하는 속도의 문제가 아닙니다. 그것은 상대의 존재를 인정하고 존중하는 방식입니다.

(3) 성공한 사람일수록 말이 느리다

전 세계의 성공한 기업가나 지도자들의 인터뷰를 보면 놀라운 공통점이 있습니다. 그들은 말이 빠르지 않습니다. 말할 때마다 호흡이 길고, 문장마다 여백이 있습니다. 단어를 고르고, 잠시 침묵을 두고, 그 후에 천천히 입을 엽니다. 마치 말보다 **생각**이 먼저이고, 생각보다 **사람**이 먼저라는 것을 보여주듯이.

이런 말투는 단지 품격 있는 커뮤니케이션 이상의 효과를 가집니다. 사람을 안심시키고, 신뢰를 만들며, 영향력을 높입니다.

말이 빠르고, 단정적이고, 거칠면 짧은 시간에는 주목받을 수 있습니다. 하지만 그것은 곧 피로감을 만듭니다. 듣는 사람은 방어하게 되고, 결국 마음을 닫습니다.

반대로, 부드럽고 따뜻하며, 여유 있는 말투는 듣는 사람의 마음을 열게 합니다. 그래서 진짜 영향력 있는 사람들은 말하는 기술보다 **말투의 품격**을 먼저 다듬습니다.

(4) 말투는 바꿀 수 있다, 호흡부터 시작하라

많은 사람들이 "나는 원래 말투가 거칠어요"라고 말합니다. 하지만 그것은 타고난 것이 아니라 익숙해진 습관입니다. 그리고 습관은 훈련으로 바뀔 수 있습니다. 그 시작은 **호흡**입니다.

말하기 전에 **호흡을 한 번 길게 들이쉬어 보세요.** 말하는 중에도 **문장과 문장 사이에 짧은 숨을 두세요.** 상대방이 말할 때는 **말보다 숨을 먼저 쉬세요.**

이런 작은 변화들이 쌓이면, 말투는 달라지고, 결국 사람들과의 관계도 달라집니다. 관계가 달라지면 인생이 달라집니다.

(5) 느린 말, 깊은 연결

세상은 점점 더 빠르게 돌아갑니다. 정보도 빠르고, 뉴스도 빠르고, 댓글도 빠릅니다. 그래서일까요? 진짜로 깊이 있는 사람을 만나면 그들이 하는 '느린 말'이 더 빛납니다. 그 느림 속에는 **생각의 깊이**와 **마음의 따뜻함**, 그리고 **상대에 대한 존중**이 담겨있습니다.

우리가 말투를 바꾼다는 것은 단순히 말의 스타일을 바꾸는 것이 아닙니다. 그것은 우리의 내면을 정돈하고, 타인을 대하는 태도를 바꾸는 것입니다. 그리고 그 모든 시작은, 아주 단순한 한 가지에서부터 가능합니다.

"천천히, 숨 쉬며 말하라."

(6) 마무리하며

말투는 나의 '신호'입니다. 내가 어떤 상태인지, 얼마나 여유가 있는지, 얼마나 타인을 배려하고 있는지를 보여주는 무의식의 언어입니다.

말투를 바꾸면, 삶이 달라집니다. 호흡부터 시작해 보세요. 말은 바람처럼 지나가지만, 말투는 마음에 남습니다. **말투는, 결국 당신의 인생입니다.**

반사적 삶 피하기

우리는 하루에도 수백 번씩 '반사적으로' 반응하며 살아갑니다. 누군가의 말에, 스마트폰 알림에, 갑작스러운 상황에, 감정적인 자극에… 마치 반사신경만으로 움직이는 인형처럼.

아침에 눈을 뜨면 습관처럼 SNS를 확인하고, 도로 위에서 누가 끼어들면 자동으로 짜증이 올라오고, 상대의 말투 하나에 마음이 흔들리며 바로 대응합니다.

문제는 이런 '반사적 삶'이 **나를 잃게 만들고, 삶의 주도권을 외부에 넘긴다**는 데 있습니다. 나의 감정, 선택, 결정, 방향이 온전히 **'내 의지'가 아닌 외부 자극의 결과물**이 되는 것입니다.

(1) 반사적 삶이 왜 위험한가?

반사적 삶의 가장 큰 위험은 '생각 없이 움직인다'는 데 있습니다. 이것은 곧 **습관적 반응**이고, 습관은 반복될수록 '내 인격'이 되어버립니다.

예를 들어, 불안할 때마다 스마트폰을 붙잡는 사람은, 결국 고요 속에서 견디는 힘을 잃습니다. 누가 뭐라 하면 바로 감정적으로 대응하는 사람은, 결국 관계를 잃습니다. 문제를 마주할 때마다 회피하거나 남 탓을 하는 사람은, 결국 성장을 잃습니다.

이렇게 반사적으로 반응하며 살아가는 사람은 늘 뭔가에 쫓기고, 흔들리고, 불안하며 살게 됩니다. **행동은 있지만 중심이 없고, 반응은 있지만 방향이 없습니다.**

(2) 어떻게 반사적 삶을 피할 수 있을까?

그 시작은 '멈춤'입니다. 무엇보다 중요한 훈련은, 어떤 자극이 오더라도 **잠깐 멈추는 연습**입니다.

화가 날 때, 그 즉시 말하지 않고 잠깐 멈추기, 핸드폰에 손이 갈 때, 먼저 심호흡 한 번 하기, 말다툼 중에도, 먼저 한 템포 늦추기, 선택의 순간에, 즉시 결정을 내리기보다 호흡을 길게 하기.

이런 '멈춤의 기술'은 단순한 지연이 아닙니다. 그 잠깐의 틈이 **내 인생의 주도권을 되찾는 통로**가 됩니다.

(3) 호흡을 길게 한다는 것의 의미

우리가 긴장하거나 흥분할 때 호흡은 짧고 가빠집니다. 반면,

호흡이 길어지면 감정이 가라앉고 이성이 돌아옵니다.

'숨을 깊이 쉬는 것'은 곧 '생각을 되찾는 것'입니다. 호흡이 길어지면 **감정의 파도에 휩쓸리지 않게** 됩니다. 호흡이 길어지면 **내가 지금 진짜 원하는 게 뭔지 들리게** 됩니다. 호흡이 길어지면 **상대의 말 뒤에 있는 진심을 보게** 됩니다.

그래서 심호흡 하나가 결국 더 좋은 말, 더 성숙한 행동, 더 명확한 선택으로 이어지는 것입니다.

(4) '잠깐'이 인생을 바꾼다

인생을 바꾸는 건 거창한 행동이 아닙니다. 그 **'잠깐의 멈춤'이 평생을 좌우합니다.**

분노가 올라올 때, 말하기 전 **3초만 멈춘다면**, 상처 주는 말을 하지 않을 수 있습니다. 충동적으로 결제 버튼을 누르기 전 **심호흡 한 번만 한다면**, 후회하지 않을 소비를 할 수 있습니다. 실수했을 때, 즉시 변명하기보다 **마음의 호흡을 길게 가져간다면**, 진정성 있는 사과와 신뢰를 만들 수 있습니다.

(5) 반응 대신 '선택'을 하라

우리는 누구나 자극에 반응할 자유가 있지만, 더 근본적인 자유는 **'선택'할 수 있는 힘**입니다.

"지금 내가 반응할 것인가, 선택할 것인가?"

그 질문 하나만으로도 인생은 달라질 수 있습니다. 그 선택의 순간을 가능하게 해주는 것이 바로 '멈춤'과 '호흡'입니다.

(6) 당신에게 드리고 싶은 말

세상이 빠르게 움직일수록 멈출 줄 아는 사람이 더 멀리 갑니다. 감정이 복잡할수록 호흡이 긴 사람이 더 명확한 선택을 합니다.

인생이 흔들릴수록 반사적으로 반응하는 대신 **잠깐 멈추고**, 호흡을 길게 하는 지혜를 기억하세요. 그 작은 연습이 당신의 말, 관계, 결정, 삶을 전혀 다른 방향으로 이끌어 줄 것입니다.

오늘 하루, 무엇이 당신을 흔들더라도 반사적으로 반응하지 말고 **한 번 멈추고, 길게 숨을 쉬어보세요**. 인생의 주도권은 바로 그 '한숨' 안에 있습니다.

신은 평화 안에서 기다린다

세상은 늘 바쁘게 돌아갑니다. 빠른 속도, 끝없는 경쟁, 앞서가야 한다는 강박이 사람들의 마음을 조급하게 만듭니다.

그러나 아이러니하게도, 진짜 중요한 것은 언제나 그 반대편에 있습니다. 고요함 속에 있고, 멈춤 속에 있으며, 평화 안에서 기다리고 있습니다.

우리는 종종 신을 멀리 있는 존재로 생각합니다. 높은 하늘 어딘가, 혹은 미래의 이상적인 모습 어딘가에 계시리라 짐작합니다.

하지만 신은 그렇게 먼 곳에 있는 존재가 아닙니다. 신은 우리가 잠시 멈추고 내면을 바라볼 때, 조용한 숨결 속에서, 흔들림 없는 마음의 중심에서 기다리고 계십니다.

(1) 왜 우리는 평화를 두려워할까?

고요해지는 순간, 우리는 오히려 불안해집니다. 조용하면 왠지 내가 뒤처지는 것 같고, 멈추면 실패한 기분이 듭니다. 그래서 우리는 계속 무언가를 해야 한다고, 소음을 만들어야 한다고 믿습니다.

하지만 그 소음은 외부의 혼란이 아니라, 사실은 내 안의 두려움이 만든 환청일 뿐입니다.

진짜 용기는 멈출 줄 아는 데서 시작됩니다. 아무것도 하지 않을 때도 가치가 있다는 것을 인정하는 용기, 조용함이 무기력이 아니라 회복이라는 것을 아는 지혜. 그곳에 신이 계십니다. 당신의 평화를 기다리며 말없이 머무는 그 자리에, 신은 이미 와 계십니다.

(2) 평화는 선택이다

세상은 결코 조용해지지 않습니다. 그래서 우리는 스스로 평화를 선택해야 합니다. 누가 나를 인정해 주기 전에, 내가 나를 먼저 인정해야 하고 누가 나를 사랑해 주기 전에, 내가 나를 먼저 안아 주어야 합니다.

신은 당신의 완벽함을 요구하지 않습니다. 당신의 순수한 내면, 있는 그대로의 당신, 다만 거기 머무를 줄 아는 '평화의 자세'를 원하실 뿐입니다.

기도란 무엇일까요? 간절한 바람도 있지만, 더 본질적인 기도는 '가만히 머무는 것'입니다. 불안해하지 않고, 조급해하지 않고,

마음속 깊은 곳에서 "나는 지금 이대로 충분하다"고 말해주는 그 순간이야말로 가장 진실한 기도입니다.

(3) 기다림은 비움이다

신은 우리에게 무엇을 채우기보다, 무엇을 비우길 원하십니다. 두려움, 비교, 억지스러운 욕망… 이 모든 것을 내려놓아야 진짜 우리가 보입니다. 그럴 때에야 신과 만날 수 있습니다.

기다림은 단지 시간이 흐르기를 바라는 것이 아닙니다. 기다림은 준비이고, 결단이며, 내려놓음입니다. 조급함을 내려놓을 때, 우리는 비로소 지금 이 순간과 연결됩니다. 그리고 그 순간에, 신이 우리를 만나러 오십니다.

(4) 가장 깊은 평화는 나 자신과의 화해다

신은 평화를 통해 우리에게 말을 거십니다.
"너 자신을 사랑하라."
"너는 이미 나와 함께 있다."
이 음성을 듣기 위해서는 내면의 시끄러움을 잠재워야 합니다. 외부의 인정이 아닌, 내면의 수용으로 돌아가야 합니다.

타인의 시선, 사회의 기준, 과거의 상처에서 벗어나 '있는 그대로의 나'를 받아들일 때, 우리는 평화를 경험하게 됩니다. 그것이 바로 신이 계신 자리입니다.

(5) 결국, 신은 기다리십니다

신은 급하지 않으십니다. 당신이 천천히라도 돌아오길, 자신의 중심으로 귀환하길, 평화의 자리로 돌아오길 오래도록 기다리고 계십니다.

그리고 그 기다림 안에는 사랑이 있습니다. 어떤 조건도 없이, 어떤 비난도 없이, 그저 당신이 있는 그대로 괜찮다고 말해주시는 그 평화의 침묵 속에 신은 계십니다.

(6) 마무리하며

바쁘게 살아온 하루의 끝에서, 조용히 눈을 감고 깊은 숨을 내쉬어 보세요. 그 고요한 공간에, 이미 오랫동안 기다리고 계신 신의 평화를 느껴보시길 바랍니다.

당신이 평화 안에 머무는 그 순간, 삶은 다시 시작됩니다. 그곳에 진짜 나와 진짜 삶이 있습니다. 그리고 신도, 거기 계십니다.

[2장]

성공, 실패, 그리고 도전

성공한 사람은
실패를 반복한 사람이다

우리는 종종 '성공한 사람'이라는 말을 들으면, 무언가 특별한 재능이나 운이 있었던 사람을 떠올립니다. 그들은 늘 옳은 선택만 했고, 단 한 번의 실수도 없이 정점에 오른 사람처럼 느껴집니다.

하지만 진실은 그 반대입니다. **성공한 사람은 실패를 반복한 사람입니다.** 그리고 그 실패를 감당하고 다시 일어설 수 있었던 사람입니다.

(1) 실패는 선택받은 사람에게만 주어진다

실패는 행동한 사람에게만 찾아옵니다. 도전하지 않으면 실패도 없습니다. 그러나 도전 없는 삶에는 성장도 없습니다. 결국 실패는 우리가 살아있다는 증거이며, 앞으로 나아가고 있다는 징표입니다.

누군가는 한 번의 실패로 무너지고, 누군가는 열 번의 실패에도 다시 일어섭니다. 둘을 가르는 것은 능력이 아니라 **태도**입니다.

실패는 약한 사람을 골라 괴롭히는 것이 아니라, **강한 사람이 되기를 원하는 사람에게 기회를 주는 방식**입니다. 그 기회를 받아들이는 사람만이 진짜 성공을 맛봅니다.

(2) 실패를 반복해도 무너지지 않는 이유

우리는 왜 실패를 두려워할까요? 그것은 남의 시선 때문입니다.
"왜 저 사람은 또 안됐을까?"
"저 정도면 이제 포기해야지."
이런 말들이 마음속 깊이 박혀 자신감을 흔듭니다. 하지만 성공한 사람은 압니다. 남의 말은 잠시 흔들릴 뿐, **결국 내가 믿는 방향으로 인생은 움직인다는 사실을**. 그들은 실패를 대할 때 이렇게 말합니다.
"이번엔 안 됐네. 다음 방법을 써보자."
"이건 배움이었어. 다음엔 더 잘할 수 있어."
이처럼 실패를 성장의 도구로 바꾸는 사고방식이 **성공의 본질**입니다.

(3) 실패의 개수를 자랑할 수 있어야 한다

어느 유명한 사업가가 한 인터뷰에서 "나는 10번 망했습니다.

그 덕에 11번째에 제대로 된 회사를 만들 수 있었죠"라고 말했습니다.

이 말은 단순한 겸손이 아닙니다. 그는 실패의 수를 숨기지 않습니다. 오히려 자랑합니다. 왜냐하면 그 실패들이 지금의 자신을 만들었음을 알기 때문입니다. 그리고 그 안에는 **포기하지 않은 자신에 대한 자부심**이 있습니다.

여러분의 인생에도 실패가 있을 겁니다. 사업의 실패, 인간관계의 실패, 도전의 실패. 하지만 그것이 끝이 아니라는 것을 믿으십시오. **실패의 총량이 성공의 크기를 결정합니다.**

(4) 결국 남는 건 '넘어졌던 자리에서 다시 일어선 용기'

세상은 우리에게 결과를 보상해 주지 않습니다. 세상은 '과정 속에서 성장한 사람'에게 기회를 줍니다. 그 과정은 아프고, 불확실하며, 외로울 수도 있습니다. 하지만 돌아보면 그 시간이 가장 깊고, 가장 의미 있는 순간이 됩니다.

넘어졌던 자리에서 울며 일어나고, 다시 시도하며 부끄러움을 딛고, 포기하고 싶은 마음과 싸우면서 한 걸음씩 나아갈 때, 그 길 끝에 **'성공'**이라는 이름의 꽃이 피어납니다.

(5) 마무리하며

성공이란, 실수 없이 완벽한 삶을 사는 것이 아닙니다. **실패 속에서도 꺾이지 않고 방향을 잃지 않는 것**, 그것이 진짜 성공입니다.

그러니 지금 실패하고 있는 당신, 포기하지 마세요. 지금 이 실패는 **당신이 성공할 자격이 있다는 우주의 사인**입니다. 실패의 경험이 많을수록, 당신의 성공은 더 깊고 더 단단해질 것입니다.

성공한 사람은, 실패를 반복하고도 끝까지 자신을 믿은 사람입니다.

가장 이타적인 삶이
가장 이기적인 삶이 된다

우리는 흔히 이타적인 삶과 이기적인 삶을 반대 개념으로 여깁니다. 나를 희생해 남을 돕는 것과 남을 희생시켜 나를 챙기는 것.

그래서 이타적인 사람은 착하고 존경받지만 손해 보는 인생이라는 이미지가 강합니다. 반대로 이기적인 사람은 자기 이익만 좇는 사람이라 비난받지만, 현실에서는 더 많은 것을 가진 것처럼 보입니다.

그런데 삶은 그렇게 단순하지 않습니다. 더 깊이 들여다보면, **진정으로 이타적인 삶은 결국 가장 현명하고, 궁극적으로 가장 이기적인 삶**이 된다는 사실을 알게 됩니다. 여기서 말하는 '이기적'이라는 표현은 부정적 의미가 아닌, **자기 삶의 풍요와 행복, 평온을 지향하는 가장 지혜로운 선택**이라는 의미입니다.

(1) 이타심은 관계의 질을 바꾼다

인생은 혼자 살아갈 수 없습니다. 인간은 관계의 존재입니다.

가족, 친구, 동료, 고객, 사회… 우리가 맺는 모든 관계 속에서 삶의 질이 결정됩니다. 이때 이타적인 태도를 가진 사람은 자연스럽게 신뢰를 얻고, 신뢰는 결국 인생 최고의 자산인 **사람**을 끌어당깁니다.

이타적인 사람은 먼저 배려하고, 먼저 인사하고, 먼저 손 내밉니다. 그는 타인을 불편하게 만들지 않으며, 그가 있는 공간은 늘 편안하고 따뜻합니다. 그래서 사람들은 그런 이타적인 사람 곁에 있고 싶어 합니다. 결국 이타적인 태도는 외로움과 단절에서 벗어나게 하고, **더 건강하고 풍성한 인간관계를 만듭니다.**

그런 관계는 위기가 닥쳤을 때 큰 힘이 됩니다. 누군가 도와주고 싶은 사람이 있다는 것만으로도, 인생은 든든하고 안정감을 얻습니다. 반면, 이기적인 태도를 지속한 사람은 관계가 얕고, 필요할 때 곁에 아무도 없는 삶을 마주하게 됩니다.

(2) 이타심은 나를 성장시킨다

이타적인 삶을 산다는 것은 타인을 위해 시간과 에너지를 쓰는 것입니다. 그것은 결국 나 자신의 한계를 뛰어넘는 훈련입니다. 누군가의 짐을 들어주며, 그 고통을 함께 나누는 순간, 우리는 더 강한 사람이 됩니다. **공감력은 깊어지고, 인내력은 커지며, 통찰력은 넓어집니다.**

자기만 생각하는 사람은 세상의 반밖에 보지 못합니다. 그러나 타인의 마음까지 이해하려는 사람은 **세상 전체를 이해하려고 노력하게 됩니다.** 그래서 이타적인 사람은 더 넓은 시야를 가지며, 더 나은 결정을 할 수 있고, 더 성숙한 인격을 형성하게 됩니다. 타인을 위한 행동이 결국 자신을 단련하는 기회가 되는 것입니다.

(3) 이타심은 마음을 평화롭게 만든다

우리는 종종 마음이 어지럽고 불안할 때, '무엇이 나를 이렇게 괴롭게 할까?' 자문합니다. 그 대부분은 **자기중심적인 사고에서 비롯됩니다.** "왜 나는 인정받지 못하지?", "왜 저 사람은 나보다 잘되지?", "왜 나만 고생해야 하지?" 이 질문들은 모두 이기적인 시선에서 출발합니다.

하지만 이타적인 삶을 선택하면, 삶의 중심축이 '나'에서 '우리'로 옮겨갑니다. 그러면 신기하게도 감정이 가벼워집니다. '내가 조금 더 베풀어야지', '내가 도와줄 수 있다면 좋겠다'는 생각은 **마음의 쓰레기를 덜어내는 작용을 합니다.** 타인을 도우며 얻게 되는 내면의 충만함은 어떤 인정욕구보다 깊고 지속적입니다.

그리고 이타적인 삶은 죄책감과 후회를 줄입니다. '그때 좀 더 도와줄걸', '그 말을 하지 말걸' 하는 감정은 이기적인 판단의 결과이기 때문입니다. 이타적인 사람은 자신의 선택에 대해 떳떳하며, **자신의 삶을 사랑할 수 있는 힘**을 갖게 됩니다.

(4) 이타적인 사람에게 기회는 돌아온다

놀랍게도, 진심으로 남을 돕는 사람에게는 반드시 기회가 찾아옵니다. 보상받으려 하지 않아도, 세상은 은밀하게 그 대가를 돌려줍니다. 사업도, 인간관계도, 성공도 **결국은 '신뢰'와 '호감'이라는 이름의 감정 자산 위에 쌓입니다.**

이타적인 사람은 보이지 않는 곳에서도 좋은 평판을 얻고, 추천을 받고, 연결됩니다. 한 번의 작은 배려가 몇 년 뒤 큰 기회로 돌아오는 일이 생깁니다. 반면, 철저하게 자신만 챙긴 사람은 당장은 빠르게 성공하는 것처럼 보여도, 장기적으로는 지지기반이 약합니다.

결국 이타심은 단순한 미덕이 아니라, **장기적 관점에서 가장 전략적인 삶의 방식**입니다. 남을 돕는 순간, 실은 자신을 위한 투자이기도 합니다.

(5) 이타적인 삶을 이기적으로 선택하라

어떤 이들은 말할 수 있습니다. "나는 남을 챙길 여유도 없고, 나부터 살기도 바쁘다." 맞는 말입니다. 하지만 조금만 다른 관점으로 보면 됩니다. 이타적인 삶을 **더 나은 나를 만들기 위한 이기적인 전략**으로 선택하면 됩니다. 자기계발을 위해 운동을 하듯, 인간관계를 위한 근육을 키우는 과정이라 보면 됩니다.

이기적으로 살고 싶다면, 오히려 이타적인 사람이 되어야 합니다. 그게 더 많은 기회를 가져오고, 더 나은 인생을 만듭니다. 남에게 베푼다는 것이 결코 손해가 아니며, 삶의 본질을 꿰뚫는 지혜입니다.

(6) 마무리하며

가장 이타적인 삶은 가장 이기적인 삶입니다. 타인을 돕는 그 손길이 언젠가 내 삶을 지탱하는 힘이 됩니다. 마음의 평화, 인간관계의 질, 인격의 성숙, 그리고 기회의 흐름은 모두 **이타적인 선택에서 비롯됩니다.**

그러니 오늘 하루, 누군가를 따뜻하게 대해주세요. 작은 도움을 주고, 한 번 더 웃어주고, 먼저 양보하세요. 그것은 단지 남을 위한 행동이 아니라, **가장 지혜로운 나를 위한 선택**이 됩니다. 인생은 그렇게, 이타적으로 살아갈수록 더욱 이기적으로 충만해집니다.

인생에서 가장 큰 실수는
아무것도 하지 않는 것이다

사람들은 흔히 말합니다.

"실수하면 안 돼."

"망하면 끝이야."

"괜히 나섰다가 욕만 먹지."

그런 말들에 우리는 움츠러듭니다. 그런 말들은 행동을 조심하게 만들고, 조심은 곧 멈춤이 되고, 멈춤은 어느 순간 '포기'로 변해갑니다.

하지만 시간이 지나고 돌아보면, 인생에서 진짜 후회되는 일은 **실수한 일이 아니라, 아무것도 하지 않았던 일**입니다. 고백하지 않은 사랑, 시도하지 않은 사업, 떠나지 못한 여행, 꺼내지 못한 말… 우리는 결국, **하지 않은 선택들 앞에서 가장 오래 슬퍼합니다.**

(1) 도전은 실패를 데리고 오지만, 멈춤은 후회를 데리고 온다

도전에는 실패가 따라붙습니다. 당연한 일입니다. 시도에는 위험이 있고, 위험에는 상처가 있습니다. 하지만 상처는 치유되고, 실패는 경험이 되어 우리를 성장시킵니다.

반면, 아무것도 하지 않으면 상처는 없습니다. 대신 **내면의 자존감이 서서히 마릅니다.**

"나는 왜 아무것도 하지 않았을까?"

"그때 용기 내볼 걸…"

이러한 후회는 시간과 함께 더욱 뚜렷해지고, 결국 **'살지 못한 삶'**이 가장 큰 짐이 되어 마음에 남습니다.

(2) 인생은 완벽한 계획보다 불완전한 실행을 따른다

많은 사람들이 인생의 방향을 계획하고, 실수를 피하려 신중하게 기다립니다. 하지만 세상은 우리가 생각한 대로 움직여 주지 않습니다. 완벽한 타이밍은 오지 않고, 완벽한 준비는 끝나지 않습니다. **움직이며 생각하고, 하면서 배워야 하는 것이 인생입니다.**

모르는 대로 시작하고, 부족한 대로 부딪히고, 틀린 대로 수정하며 앞으로 나아가는 것. 그것이 **성공한 사람과 멈춰선 사람의**

차이입니다.

시작은 어설퍼도 괜찮습니다. 중요한 것은 '지금 내가 무엇을 하고 있는가'이지, 과거에 뭘 못 했는지가 아닙니다.

(3) 세상이 두려운 게 아니라, 자기 자신이 두려운 것이다

대부분의 사람들은 "세상이 무서워서", "사람들의 시선이 두려워서"라고 말하지만, 사실 가장 큰 두려움은 **내가 나를 어떻게 볼까에 대한 불안감**입니다.

"이러다 내가 진짜 아무것도 아닌 사람이면 어쩌지?"
"하다가 실패하면 사람들이 나를 어떻게 볼까?"

하지만 생각해 보면, 진짜 무서운 건 **시도하지 않고, 변화 없이 그대로 살아가는 내 모습**입니다.

세상은 우리를 그렇게 주의 깊게 보지 않습니다. 실패해도 금방 잊히고, 실수해도 다시 시작할 기회가 주어집니다. 그러니 **자기 자신에게 기회를 주는 것**, 그것이 무엇보다 중요한 용기입니다.

(4) 오늘 한 걸음이 10년 후의 나를 만든다

어떤 선택이든, 작은 행동 하나가 큰 변화를 만듭니다. 아침 10분의 글쓰기, 매일 1명의 고객에게 친절을 더하기, 책 한 장을 읽는 습관, 무작정 시작한 작은 사이드 프로젝트⋯ 이런 것들이 **10년 후의 나를 전혀 다른 곳에 서 있게 합니다.**

한 발짝을 내디딜 용기만 있다면, 우리는 어제와 다른 길을 살 수 있습니다. **아무것도 하지 않는 것만이 실패이고, 무엇이든 해보는 순간부터 인생은 움직이기 시작합니다.**

(5) 결론 – 살아있는 동안은 늦지 않았다

마흔이든, 쉰이든, 일흔이든 삶은 여전히 우리에게 **무언가를 할 수 있는 기회를 줍니다.** 중요한 건 나이도 아니고, 환경도 아닙니다. **지금 이 순간, 내가 선택할 수 있다는 사실**입니다.

인생에서 가장 큰 실수는 '망한 것'도, '틀린 것'도 아닙니다. 가만히 멈춰서 아무것도 하지 않은 것입니다. 오늘, 작게라도 시작해 보세요. 그 작은 시도가 미래의 당신에게 이렇게 말하게 만들 것입니다.

"그때의 그 용기가 내 인생을 바꿨어."

사람은 세상을 바꿀 능력이 없다.
세상을 바꿔봐서 바꾸는 것이다

세상은 거대하고, 나는 너무 작고, 변화는 불가능해 보일 때가 많습니다. 그러나 변화는 거대한 선언이 아니라, 조용한 실천에서 시작됩니다. 그리고 그 실천을 통해서만, 우리는 비로소 '바뀐다'는 것이 가능하다는 것을 체험하게 됩니다.

우리는 종종 '가능성'을 머리로만 이해하려 합니다. 누군가가 성공한 이야기를 듣고, 나도 저렇게 될 수 있을까 상상해 보지만, 정작 시도해 보지 않고 머물러 있는 경우가 많습니다. 두려움 때문입니다. '혹시 실패하면 어떡하나?', '내가 무슨 능력이 있다고 세상을 바꾸겠나?' 하는 마음. 그러나 현실은 반대입니다. 능력이 있어서 바꾸는 것이 아니라, 바꿔본 사람만이 능력을 얻게 됩니다.

처음 무언가를 바꾸는 사람은, 그 결과를 알 수 없습니다. 시도해 보기 전에는, 그 변화가 어떤 모양으로 다가올지 아무도 모릅니다. 하지만 딱 한 가지는 분명합니다. **시도하지 않으면 아무 일도 일어나지 않는다는 것입니다.**

당신이 마음먹고 행동으로 옮기는 그 순간, 세상은 아주 미세하게 바뀌기 시작합니다. 설령 그것이 눈에 보이지 않을 만큼 작더라도, 그 변화는 당신의 내면에서 시작되어 언젠가 밖으로 드러납니다.

어느 날, 작은 미용실을 열겠다고 마음먹은 사람이 있었습니다. 아무도 주목하지 않는 뒷골목에 문을 열고, 하나하나 정성껏 손님을 맞이했습니다. 그는 처음부터 '세상을 바꾸겠다'는 거창한 마음은 없었지만, 자기 손으로 한 사람의 기분을 바꾸는 일이 세상을 조금 더 따뜻하게 만든다는 걸 믿었습니다.

10년이 지난 지금, 그는 수많은 미용사를 양성했고, 사람들의 자존감을 세워주는 공간이 되었습니다. 그는 세상을 바꾼 걸까요? 아니요. 그는 그저 자신의 하루를 바꾸었을 뿐입니다. 그리고 그것이 곧 세상을 바꾸는 일이었습니다.

우리는 대단한 비전 없이도 변화를 만들어 낼 수 있습니다. '이 길이 맞는 걸까'라는 의심이 들 때는, 오히려 그 길을 가보는 것이 답입니다. 머릿속에선 절대 알 수 없습니다. 가본 사람만이 '아, 이 길이 가능하구나'를 말할 자격이 있습니다.

그러니 오늘도 용기를 내십시오. 작은 결정이 큰 결과를 만든다는 것을 기억하세요. "이건 안 될 거야"라는 말 앞에, "해봤어?"라고 되묻는 사람이 세상을 바꿉니다.

이 글을 읽고 있는 당신, 혹시 지금 어떤 변화를 망설이고 있나요? 하고 싶은 일이 있는데, 세상이 안 바뀔 것 같아 포기하려고 하나요? 그렇다면 이렇게 말해주고 싶습니다. **당신이 세상을 바꾸는 게 아니라, 세상을 바꾸려는 당신이 '바뀌는 것'이 먼저입니다.** 그 변화가 바로 세상에 닿는 첫 진동입니다.

무엇이든 시작해 보세요. 시작했기 때문에, 당신은 이미 이전의 당신이 아닙니다. 그리고 그 변화가 결국, 세상이라는 퍼즐의 한 조각을 바꾸게 됩니다.

바꾸고 나서야 비로소 알게 됩니다. 세상은 안 바뀌는 게 아니라, **누군가 바꾸기를 기다리고 있었다는 것을.** 당신이 그 사람입니다.

안전한 길이
가장 위험한 길이 될 수 있다

우리는 살아가며 언제나 '안전한 선택'을 우선순위에 둡니다. 안정적인 직장, 무난한 관계, 실패하지 않을 방법. 그렇게 우리는 실수하지 않는 삶, 실패하지 않는 길, 모험하지 않는 삶을 택합니다.

하지만 곰곰이 들여다보면, 그 '안전한 길'이 오히려 우리를 가장 위험하게 만들 수도 있습니다.

(1) 안전은 종종 정체를 의미한다

강물은 흘러야 강입니다. 고여있는 물은 시간이 지나면 썩기 마련입니다. 삶도 마찬가지입니다. 안전한 길만을 좇다 보면 어느새 도전이 사라지고, 성장이 멈추며, 우리는 점점 '정체된 인간'이 되어갑니다.

그것은 마치 '항구에 있는 배'와 같습니다. 물론 배는 침몰하지 않을 것입니다. 그러나 그 배는 결국 목적지에도 도달하지 못합니다. 안전함은 때로 '멈춤'을 의미합니다.

(2) 불확실함이 기회의 또 다른 이름이다

우리가 두려워하는 불확실함, 그 안에는 늘 성장의 기회가 숨어 있습니다. 새로운 기술을 배우는 일, 익숙한 환경을 떠나는 일, 누군가에게 내 생각을 말하는 용기, 그 모든 것이 처음엔 불안하고 무섭습니다.

하지만 그 과정을 통과한 사람만이 '나는 할 수 있다'는 자존감을 얻고, '이제는 이만큼 왔구나' 하는 확신을 얻게 됩니다. 불확실함 속에서 우리는 더 단단해지고, 삶은 더 넓고 깊어집니다.

(3) 안전한 길에는 경쟁자가 많다

많은 사람들이 '안전해 보이는 길'에 몰립니다. 공무원, 대기업, 자격증, 똑같은 방식의 교육, 그 안에서 우리는 비교당하고 줄 세워집니다. 내가 누군지, 어떤 재능이 있는지보다 어디에 속해있느냐가 중요해지기 시작합니다.

그러나 세상은 달라졌습니다. 이제는 '다름'이 경쟁력이고, '자기다움'이 생존력입니다. 모두가 가는 길에서 벗어나 자신만의 길을 만들어 가는 사람이 결국 살아남고 빛나게 됩니다.

(4) 실패의 경험 없이 성공은 없다

아이들이 걷기 시작할 때 수없이 넘어집니다. 그 넘어짐은 실패가 아닙니다. '배움의 과정'이고, '근육을 기르는 시간'입니다.

우리도 마찬가지입니다. 실패를 피하려 안전한 길만 걷다 보면, 실패를 두려워하는 사람이 되고, 도전 앞에서 움츠러드는 인생이 됩니다.

진짜 위험한 것은 실패가 아니라, 실패를 안 해본 사람입니다. 작은 실패를 겪어본 사람만이 진짜 위기를 만났을 때 버틸 수 있습니다.

(5) 당신은 살아있는 존재다

살아있다는 것은 끊임없이 변화하고 있다는 것입니다. 나무는 해마다 잎을 떨어뜨리고 다시 피웁니다. 계절은 끊임없이 순환하고, 하늘은 늘 다른 구름을 품습니다.

그런데 유독 우리는 '지금 이대로'만을 고집합니다. 익숙함과 안전함 안에서 변화를 거부하고, 성장을 멈춥니다. 그러나 삶은 원래 그런 게 아닙니다. 살아있다는 건 '움직이는 것'입니다. 더 깊은 사랑을 하고, 더 큰 꿈을 꾸고, 더 진실한 나로 살아가야 합니다.

(6) 가장 안전한 선택은, 나를 믿는 것이다

안전한 길이란 결국 나를 세상 속에 감추는 것입니다. 다른 사람들이 정한 길, 사회가 정해놓은 성공의 공식을 따르는 것입니다. 그러나 진짜 안전은 내가 누구인지 알고, 내가 가고 싶은 길을 선택하는 데서 시작됩니다.

세상이 말하는 정답이 아니라, 내 안의 진심에 귀 기울이는 용기. 그 용기가 우리를 진짜 '안전한 삶'으로 이끌어 줍니다.

지금 당신의 삶은, 충분히 도전하고 있습니까? 아니면, 실패하지 않기 위해 가장 위험한 '안전함'에 머무르고 있습니까?

기억하세요. **진짜 위험은 실패가 아니라, 변화를 거부하는 것입니다. 가장 안전한 길이, 가장 위험한 길이 될 수 있습니다.**

당신은 살아있는 사람입니다. 움직이십시오. 꿈꾸십시오. 그리고 도전하십시오. 당신은 생각보다 훨씬 더 강한 존재니까요.

운은 사람과 함께 온다

 사람들은 종종 운이 따르지 않는다고 말합니다. 열심히 했는데도 결과가 없을 때, 자신보다 못해 보이던 이가 성공했을 때, 우리는 운이라는 말을 꺼냅니다. 마치 그 운이 자신을 비껴간 것처럼, 애써 노력한 모든 것이 무색해진 것처럼 느껴집니다.
 하지만 곰곰이 생각해 보면, 인생의 '운'은 하늘에서 뚝 떨어지는 번개처럼 오지 않습니다. 운은, 사람의 얼굴을 하고 찾아옵니다. 그리고 그 사람은 대개 우리가 무심코 지나쳤던, 가까운 누군가일 가능성이 큽니다.

(1) 좋은 사람 한 명이 인생을 바꾼다

 어느 날, 말 한마디가 지친 하루를 위로합니다. 또 어떤 날, "너라면 할 수 있어"라는 격려 한마디가 마음의 벽을 허뭅니다.
 이렇듯 사람은 사람에게 '운'이 됩니다. 한 번의 만남이 평생의 길을 바꾸고, 한 사람의 조언이 생각의 틀을 깨고, 한 명의 귀인이 어려운 순간을 건너게 해줍니다.

그들은 특별한 능력자도, 부자도 아닐 수 있습니다. 하지만 **나를 진심으로 믿어주는 사람**, 나의 가능성을 **미리 보는 사람**, 내가 무너질 때 **함께 주저앉아 주는 사람**이 있다면, 그 사람은 이미 나의 행운입니다.

(2) 운을 끌어당기는 힘

그렇다면 우리는 어떻게 그런 사람을 만날 수 있을까요? 정답은 의외로 단순합니다. **내가 먼저 그런 사람이 되는 것입니다.**

누군가에게 힘이 되는 말 한마디를 건네고, 누군가의 가능성을 먼저 믿어주고, 누군가의 외로움에 먼저 다가서는 것. 그런 사람 곁에, 결국 비슷한 사람이 모입니다.

운이 따르는 사람들은 **사람을 귀하게 여기는 사람**입니다. 그들은 인맥을 관리하지 않습니다. 대신 **관계를 소중히 가꿉니다.** 그 속에서 자연스럽게 기회가 생기고, 우연이 연결되고, 마침내 '운명 같은 일'이 일어납니다.

(3) 멀리 있는 것이 아니다

운은 복권처럼 오지 않습니다. 복권은 사는 사람에게만 오지만,

운은 **관계하는 사람에게만 머뭅니다.** 혹시 요즘 일이 잘 풀리지 않나요? 생각보다 결과가 느린가요?

그렇다면 숫자나 실적보다 내 주변의 '사람 온도'를 돌아보세요. 내가 무심히 넘긴 인연은 없었는지, 내가 진심으로 감사한 사람은 누구였는지, 내가 운처럼 여겨야 할 사람은 누구인지.

(4) 결국 인생은 사람이다

모든 성공에는 사람이 있었고, 모든 실패에도 사람이 있었습니다. 사람을 어떻게 대하느냐는 것은 곧 운을 어떻게 대하느냐와 같습니다.

오늘 하루, 누군가에게 운이 되어보세요. 당신의 한 문자가, 당신의 미소가, 누군가에게 잊지 못할 행운이 될 수 있습니다. 그리고 그렇게 주는 삶을 살다 보면 언젠가 누군가가 당신에게 이렇게 말할 것입니다.

"당신은 내 인생 최고의 운이었어요."

경쟁의 룰 변화

우리는 이렇게 말하며 살아갑니다.

"나는 누구보다 열심히 사는데 왜 안 되는 걸까?"

"나는 성실하게 일하고, 책임도 다하고, 사람에게 폐 끼치지 않으려고 애쓰는데 왜 삶은 늘 제자리일까?"

그리고 마음 한구석엔 억울함이 자리 잡습니다. 세상은 열심히 사는 사람에게 보상해 줘야 한다고, 적어도 불행하진 않아야 한다고 믿었기 때문입니다.

하지만 현실은 다릅니다. 마치 **게임의 룰이 바뀌었는데, 나만 옛날 방식으로 플레이하고 있는 것처럼** 느껴질 때가 많습니다.

(1) 과거의 룰 – 성실함이 곧 성공이었다

한 세대 전만 해도 정답은 단순했습니다. 열심히 공부하고, 좋은 회사에 들어가고, 묵묵히 버티면 안정된 삶이 보장되었습니다. 성실은 미덕이었고, 근면은 곧 출세의 길이었습니다. 그 시절엔

'열심히 하는 것' 자체가 전략이자 무기였습니다.

하지만 지금은 어떤가요? 성실하게 살아도, 노력해도, 그저 '비슷한 삶'을 사는 사람들이 대부분입니다. **무언가가 바뀌었습니다. 그리고 그 변화는 근본적입니다.**

(2) 지금의 룰 – '성실'만으로는 부족하다

오늘날의 경쟁은 '성실'보다 '방향'과 '속도', 그리고 '시야'가 중요합니다. 단순히 열심히가 아닌 '어디로 가고 있느냐'가 훨씬 중요한 시대입니다.

우리는 하루 8시간씩 묵묵히 일하지만, 어떤 사람은 AI를 활용해 하루 2시간만으로 10배의 성과를 냅니다.

우리는 회의에 참석하고, 사람들과 어울리고, 최선을 다하지만, 누군가는 전 세계 고객을 대상으로 디지털 상품을 만들어 단숨에 시장을 넓힙니다.

그 차이는 '노력의 양'이 아니라 '노력의 방식'과 '기회를 보는 눈'에서 나옵니다.

(3) 경쟁의 판이 바뀌었다

지금 이 시대는 더 이상 '누가 더 오래 버티는가'의 싸움이 아닌

'누가 더 빨리 변화의 물결을 읽고 올라타는가'의 싸움입니다.

과거에는 '경험'이 자산이었지만, 지금은 '적응력'이 자산입니다. 과거에는 '인맥'이 기회였지만, 지금은 '디지털 플랫폼을 다루는 능력'이 기회입니다. 과거에는 '자격증'이 경쟁력이었지만, 지금은 '창의적 문제 해결력'이 경쟁력입니다.

시대는 달라졌는데, 우리는 여전히 과거의 룰로 경쟁하고 있습니다. 그래서 열심히 해도 '기회를 못 만난 사람'처럼 느껴지는 것입니다.

(4) 열심히 사는 것보다 중요한 것

당신은 그 누구보다 열심히 살고 있을 것입니다. 문제는 당신이 **잘못된 경기장에 뛰어들어 있다는 것**입니다. 이제는 질문을 바꿔야 합니다.

"얼마나 열심히 사느냐"가 아니라, "나는 지금 어디에 서 있느냐"를 물어야 합니다. "얼마나 오래 일했느냐"가 아니라, "무엇을 배우며 성장하고 있느냐"를 봐야 합니다.

(5) 지금 필요한 건 '재정비'다

혹시 지금, 이런 감정이 든다면 멈춰야 합니다.

"나는 왜 늘 뒷순위일까?"

"나는 왜 기회에서 비껴가는 걸까?"

"나는 왜 불안하기만 할까?"

답은 한 가지입니다. **경쟁의 판이 바뀌었기 때문입니다.** 그러니 이제는 '더 열심히'가 아니라 **'다르게, 현명하게' 살아가야 할 때**입니다. 내 삶의 방향을 바꾸고, 시대의 언어를 배우고, 지금 나에게 맞는 도구를 찾아야 합니다.

(6) 새로운 룰 위에서 다시 시작하자

세상은 변했고, 이제는 '정보'와 '속도', 그리고 '선택'이 성공의 열쇠입니다. 가장 빠르게 달리는 사람이 아니라, 가장 먼저 **방향을 바꾼 사람**이 이기는 시대입니다.

이 글을 읽는 당신은 이미 첫걸음을 내디뎠습니다. 스스로에게 질문했기 때문입니다. "나는 왜 안 될까?"가 아니라, **"무엇을 바꿔야 할까?"** 라고.

이제 진짜 시작입니다. **당신의 노력은 헛되지 않았습니다.** 이제는 그 노력을 새롭게 설계하고, 변화된 룰에 맞게 다시 움직이면 됩니다. 당신도 충분히 가능합니다. 왜냐하면, **질문하는 자는 반드시 답을 찾게 되어있기 때문입니다.**

창조주가 되어라
: 있는 대로 살지 말고 원하는 대로 살아라

우리는 종종 이렇게 말하며 살아갑니다.
"그냥 있는 대로 살아야지."
"세상이 원래 그렇잖아."
"나는 원래 이런 사람이야."

이 말들은 겸손해 보일지 모르지만, 사실은 **삶을 창조할 힘을 포기하는 선언**입니다. 스스로 삶의 주인이기를 포기하고, 주어진 조건에 순응하며 살겠다는 체념입니다. 그러나 이 시대는 말합니다.
"이제는 창조주가 되어야 할 때다."

우리는 더 이상 '있는 대로' 살면 안 됩니다. '원하는 대로' 살아야 합니다. '되어지는 삶'이 아닌 '만드는 삶'을 살아야 합니다.

(1) 삶은 발견이 아니라 창조다

어릴 적에는 꿈이 있었습니다. 나만의 세계를 그리고, 하고 싶은 일을 상상하며, 스스로의 인생을 만들어 가려는 의지가 있었습니다. 하지만 어른이 되면서 우리는 그 꿈을 '현실'이라는 이름으로 접어두었습니다. 환경 탓, 부모 탓, 돈 탓, 나이 탓…. 그런데 정작 그 현실을 만든 건 누구일까요? 현실은 '주어진 것'이 아니라, 우리가 매일 선택하고 반복한 결과입니다.

지금 내 삶이 마음에 들지 않는다면, **다른 현실을 창조해야 할 때**입니다. 삶은 '발견'하는 것이 아니라 '창조'하는 것입니다. 원하는 삶은 우연히 오는 게 아닙니다. 원하는 삶은 만들어 가는 것입니다.

(2) 좋은 친구가 있는 것이 아니라, 좋은 친구를 만드는 것이다

누군가는 말합니다.

"난 좋은 친구가 없어서 외로워요."

하지만 중요한 사실이 하나 있습니다. 좋은 친구는 '있는 것'이 아니라 '만드는 것'이라는 사실입니다.

내가 먼저 좋은 친구가 되어야 합니다. 내가 먼저 관심을 가지고, 마음을 열고, 진심을 다해야 합니다. 그러면 '좋은 사람'은 어느새 내 곁에 있게 됩니다.

관계도, 삶도, 운명도 마찬가지입니다. 우리는 **'기다리는 존재'에서 '만드는 존재'로 변해야** 합니다. 마치 조각가가 돌을 다듬듯

이, 매일의 생각과 행동으로 삶의 형태를 새롭게 조각해 나가야 합니다.

(3) 창조는 거창한 것이 아니다

창조라고 해서 거창한 사업을 하라는 말은 아닙니다. **지금 당장 커피를 마시는 방식 하나도 창조적일 수 있습니다.**

늘 마시던 카페 대신, 걷고 싶은 골목을 걷다가 우연히 발견한 작은 카페에 들어가는 것. 그 선택이 삶을 바꿀 수 있습니다.

늘 듣던 음악 대신 새로운 음악을 틀어보는 것, 늘 만나던 사람 대신 용기 내어 새로운 사람에게 말을 거는 것, 이 모든 것이 삶의 방향을 바꾸는 창조입니다.

창조는 '의도'에서 시작합니다. 그리고 작은 행동이 하나씩 쌓이며 삶 전체가 바뀝니다.

(4) 오늘, 나는 내 인생의 작가가 되었는가

하루가 끝나고 스스로에게 이렇게 물어보세요.
"나는 오늘도 누군가가 써놓은 대본을 연기한 삶을 살았는가?"
"나는 내 삶의 대본을 직접 써 내려갔는가?"

인생은 연습이 없는 무대입니다. 지금 이 순간, 우리는 창조자입니다. 무엇을 말하고, 어디에 집중하고, 어떤 관계를 만들고, 어떤 표정을 지을 것인지… 모든 선택이 **'내가 원하는 인생'으로 가는 설계도**입니다.

(5) 있는 대로 살면, 늘 부족하고
원하는 대로 살면, 삶은 충만해진다

환경은 불완전할 수 있습니다. 사람들은 부족할 수 있습니다. 돈도, 시간도, 조건도 완벽하진 않습니다.

그러나 원하는 대로 살아가는 사람은 그 불완전함 속에서도 의미를 찾고, 결핍 속에서 가능성을 끌어올립니다. 그들은 삶을 **디자인하는 사람들**입니다. 그리고 그들이 세상의 판을 바꾸어 갑니다.

(6) 결론 – 이제, 창조주가 되어보자

더 이상 주어진 환경에 순응하며 살지 마세요. 누군가의 인생을 부러워하지 마세요. 그들도 창조한 것입니다.

우리는 모두 **인생의 창조주**가 될 수 있습니다. 원하는 것을 상상하고, 그 상상을 말로 표현하고, 그 말에 행동을 더하면 당신의 인생은 새로운 형태로 다시 빚어집니다.

당신은 '그냥 살아가는 사람'이 아니라, 삶을 창조할 수 있는 존재입니다. 있는 대로 살지 마세요. **원하는 대로 사는 법을,** 오늘부터 **연습하세요.** 그게 진짜 '나'의 삶을 만드는 첫걸음입니다.

꿈이 없으면 삶이 흐트러진다

사람이 살아가며 가장 위험한 순간은 실패를 경험할 때가 아니라, 어디로 가야 할지 모를 때입니다. 꿈과 목표가 없는 삶은 바람이 없는 바다 위에 떠 있는 배와 같습니다. 표류하듯 이리저리 움직이지만, 결국 제자리거나 혹은 엉뚱한 곳에 도착하게 됩니다.

목표가 없으면 우리는 '즉각적인 흥미'에만 반응하게 됩니다. 잠시 눈앞에 보이는 기회, 누군가의 권유, 유행처럼 번지는 트렌드… 이런 것들을 쫓다가 보면 어느새 시간이 훌쩍 지나 있습니다. 그리고 돌아보면, 수많은 일을 시도했지만 뚜렷하게 남은 성과는 없습니다. 그 이유는 간단합니다. 모든 에너지를 한 방향으로 모으지 못했기 때문입니다.

집중은 단순히 다른 것을 하지 않는 상태가 아닙니다. 집중이란 **한 가지를 위해 나머지를 포기하는 용기**입니다. 사람은 하루 24시간, 한정된 체력과 에너지를 가지고 있습니다. 그 힘을 분산시키면, 아무리 노력해도 깊이 있는 성취를 만들 수 없습니다. 반면, 한 목표에 모든 자원을 몰아넣으면, 작은 노력도 큰 결과로 이어집니다.

많은 사람들이 "아직 내 꿈이 뭔지 모르겠어요"라고 말합니다. 그러나 그 말 속에는 사실 '결정하기 두려움'이 숨어있습니다. 하나를 선택하면 다른 가능성을 버려야 한다는 압박감, 혹은 실패했을 때의 두려움이 발목을 잡는 것이죠. 하지만 역설적으로, **선택하지 않는 것이야말로 가장 큰 실패**입니다.

목표를 세우면 삶의 기준이 생깁니다. 무엇을 할지, 누구를 만날지, 어떤 정보를 받아들일지 명확해집니다. 그리고 그 기준이 쓸데없는 유혹과 불필요한 소모를 걸러냅니다. 마치 물이 높은 곳에서 낮은 곳으로 흐르듯, 목표가 있으면 모든 행동과 생각이 자연스럽게 그 방향으로 향합니다.

성공한 사람들을 보면, 그들이 한 번에 여러 가지를 잘해서 성공한 것이 아닙니다. 대부분은 한 가지에 집요하게 몰두했습니다. 그 한 가지가 단단해지면, 나머지는 뒤따라옵니다. 작은 성공이 또 다른 기회를 만들고, 그 기회가 더 큰 꿈을 이루게 합니다.

삶은 길어 보이지만, 실제로 우리가 진심으로 몰입할 수 있는 시간은 그리 많지 않습니다. 지금 이 순간, '무엇을 해야 할지' 명확히 하지 않는다면, 내일도, 내년에도 우리는 같은 자리를 맴돌 것입니다. 오늘, 종이에 단 한 줄을 써보세요.

"내가 앞으로 3년간 이루고 싶은 단 하나의 목표는 무엇인가?"

그리고 그 목표를 향해 매일 시간을 쓰고, 다른 모든 일들은 그 목표를 돕는 방향으로만 움직이십시오. 그 순간, 당신의 삶은 흐트러짐에서 벗어나, 곧은 선 위를 달리기 시작할 것입니다. 그리고 그 길 끝에서, 지금 상상하는 것보다 훨씬 더 큰 성취가 당신을 기다릴 것입니다.

성공은 우연이 아니라 '반복된 선택'이다

우리는 종종 성공한 사람들을 보며 "저 사람은 운이 좋았어"라고 말합니다. 마치 성공이 하늘에서 뚝 떨어진 행운의 선물인 것처럼요. 하지만 조금만 깊이 들여다보면, 그들의 성공 뒤에는 한 번의 행운보다 훨씬 더 값진 것이 있습니다. 바로 **반복된 선택**입니다.

성공은 단 한 번의 결정이 만들어 내는 결과가 아닙니다. 수많은 날들, 수많은 순간마다 비슷한 방향을 향해 나아가기로 한 작은 선택들이 쌓여 만들어진 것입니다. 매일 조금씩 같은 원칙을 지키고, 같은 목표를 향해 발걸음을 옮기는 그 '반복'이야말로 운보다 더 강력한 힘을 발휘합니다.

(1) 한 번의 선택보다 무서운 것은 '습관'이 되는 선택

어떤 사람은 하루아침에 인생이 달라졌다고 말하지만, 그 '하루'는 사실 수년간의 반복된 선택이 모인 결과입니다.

아침에 일찍 일어나 운동을 할지, 조금 더 누워있을지. 오늘의 고객에게 성심껏 서비스를 제공할지, 대충 시간을 보낼지. 책을 한 장이라도 읽을지, 스마트폰을 붙잡고 시간을 보낼지.

이런 사소한 선택들은 단 하루로 보면 대단하지 않지만, 1년, 5년, 10년이 지나면 엄청난 격차를 만들어 냅니다. 매일 조금씩 같은 선택을 반복한 사람과, 매일 조금씩 다른 길로 새어 나간 사람의 인생은 결국 완전히 다른 지점에 도달하게 됩니다.

습관이 되는 선택은 무섭습니다. 좋은 습관이라면 그 힘이 우리를 성공으로 끌어올리지만, 나쁜 습관이라면 아무리 노력해도 제자리에서 허우적거리게 만들죠. 그래서 성공을 원한다면, 무엇보다 먼저 **매일 반복할 '올바른 선택'을 정하고 그 원칙을 지키는 것**이 중요합니다.

(2) 선택은 환경이 아니라 의지에서 온다

많은 사람이 환경을 탓합니다.
"나는 기회가 없어서…"
"여건이 안 돼서…"
"운이 안 좋아서…"
물론 환경은 중요한 요소입니다. 하지만 환경이 완벽하게 갖춰진 순간은 인생에서 거의 오지 않습니다. 대부분의 성공한 사람들은 열악한 환경에서 출발했고, 불리한 조건 속에서 첫발을 내디뎠습니다. 그들이 특별했던 건 환경이 아니라, 환경 속에서도 포기하지 않고 올바른 선택을 반복했다는 점입니다.

선택은 상황의 지배를 받지 않습니다. 오히려 상황이 어려울수록 의지가 더 빛을 발합니다. 남들은 쉬는 시간에 공부를 하고, 남들은 포기하는 순간에 한 번 더 도전하는 것. 이 작은 차이가 결국 '성공할 사람과 그렇지 않은 사람'을 갈라놓습니다.

(3) 반복된 선택이 만드는 복리 효과

돈을 투자할 때 '복리'가 무섭다고 하죠. 이자가 원금에 붙고, 그 원금이 다시 불어나는 과정이 시간이 지날수록 가속됩니다. 반복된 선택도 마찬가지입니다.

예를 들어, 하루 30분씩 독서를 하는 사람과 그렇지 않은 사람은 처음에는 별 차이가 없어 보입니다. 하지만 1년이 지나면 182시간, 10년이 지나면 1,820시간의 지식 차이가 생깁니다. 이것은 단순한 양의 차이가 아니라, 사고의 깊이와 기회의 질 자체를 바꿉니다.

매일 조금씩 건강을 지키는 식습관과 운동 습관도 그렇습니다. 오늘은 변화가 느껴지지 않지만, 5년 후, 10년 후에는 체력, 외모,

건강 수치까지 전부 달라집니다. 결국 성공이란, 복리의 힘이 적용된 **작은 반복의 축적**입니다.

(4) '올바른 선택'을 반복하는 법

성공이 반복된 선택의 결과라면, 우리가 해야 할 일은 단순합니다. '무엇을 반복할지' 정하고, 그 선택을 매일 지키는 것입니다.

명확한 목표 세우기

목표가 없으면 선택이 흔들립니다. 가고 싶은 목적지를 분명히 하면, 매일의 작은 선택이 방향을 잃지 않습니다.

선택의 기준 만들기

감정이나 상황에 따라 결정하지 말고, '이 기준에 맞으면 한다'는 원칙을 세우세요. 예를 들어 '내 고객에게는 항상 최고의 서비스를 한다'라는 기준은 상황과 관계없이 실행됩니다.

작게 시작하기

처음부터 큰 변화를 만들려고 하면 쉽게 지칩니다. 하루 10분, 한 가지 습관부터 시작해도 충분합니다. 중요한 건 '시작'과 '지속'입니다.

실패해도 다시 선택하기

한 번 잘못 선택했다고 해서 끝난 게 아닙니다. 중요한 건 '다시' 올바른 선택을 하는 것입니다. 실패 후에도 선택을 이어가는 사람이 결국 승리합니다.

(5) 우연처럼 보이는 성공의 비밀

겉으로 보면 어떤 성공은 우연 같아 보입니다. 유명한 사람을 만나서, 좋은 기회를 잡아서, 때마침 시장이 성장해서… 하지만 그 '우연' 뒤에는 늘 **준비된 선택의 시간**이 있습니다.

매일 실력을 쌓아놓았기에 기회가 왔을 때 붙잡을 수 있었고, 성실함을 반복했기에 다른 사람들이 믿고 맡길 수 있었습니다. 준비 없는 우연은 그냥 스쳐 지나가지만, 준비된 사람에게 우연은 '인생의 전환점'이 됩니다.

성공을 꿈꾼다면, 거창한 계획보다 **오늘의 한 번의 선택**에 집중하세요. 그리고 그 선택을 내일도, 모레도, 내년에도 반복하세요. 그 길 끝에서, 사람들은 당신에게 이렇게 말할 것입니다.

"운이 좋았네."

그러나 당신은 압니다. 그것이 결코 우연이 아니었음을.

실패는 손실이 아니라 '성장 수업료'다

우리는 살아가면서 실패를 '잃어버린 것'으로만 생각하는 경우가 많습니다. 돈을 잃었거나, 시간을 허비했거나, 사람을 떠나보냈거나, 자존심이 상한 순간들.

그때마다 마음속 계산기는 '손실'이라는 빨간 글자를 찍어냅니다. 그러나 조금만 관점을 바꾸면, 실패는 단순한 손실이 아니라 앞으로 더 큰 성장을 위한 '수업료'임을 알 수 있습니다.

(1) 실패는 우리를 가르친다

학교에서 배우는 지식은 교과서에 있지만, 인생에서 배우는 지혜는 실패 속에 있습니다. 첫 시도에서 모든 것을 완벽히 해내는 사람은 없습니다. 오히려 처음부터 너무 쉽게 성공하면, 진짜 어려움이 왔을 때 무너질 확률이 높습니다.

실패는 우리에게 두 가지를 선물합니다. '이건 안 된다'라는 귀중한 데이터와 '다시 일어설 방법을 찾는 힘'입니다.

성공은 달콤하지만, 실패는 깊게 새겨집니다. 상처가 남는 만큼 기억도 오래가고, 그 기억은 다음 도전에 강력한 나침반이 됩니다. 이 나침반을 갖춘 사람은 험한 길에서도 방향을 잃지 않습니다.

(2) 수업료를 내야 수업이 된다

세상에 공짜 수업은 없습니다. 영어를 배우려면 학원비를 내야 하고, 기술을 배우려면 시간을 투자해야 합니다. 마찬가지로 인생의 중요한 교훈을 배우려면 '실패'라는 수업료를 내야 합니다.

그 수업료는 돈일 수도 있고, 시간일 수도 있으며, 마음의 상처일 수도 있습니다. 중요한 건, 이 비용이 결코 허비가 아니라는 사실입니다.

실패를 겪은 뒤, 우리는 이전보다 훨씬 더 단단해집니다. 문제를 바라보는 시각이 넓어지고, 사람을 대하는 태도가 깊어집니다. 이 변화는 책으로 배울 수 없는 '현장 경험'에서만 옵니다.

(3) 실패를 자산으로 만드는 사람

실패를 경험한 두 사람이 있습니다. 한 사람은 "나는 운이 없어"라며 주저앉고, 다른 한 사람은 "이번에 배운 걸 다음에 써먹자"라며 다시 일어섭니다. 시간이 지나면 둘의 거리는 엄청나게 벌어집니다.

차이는 단 하나, 실패를 '빚'으로 볼지, '투자'로 볼지의 차이입니다. 투자라고 생각하는 사람은 실패를 곱씹으며 전략을 바꾸고, 더 준비된 상태로 재도전합니다. 이런 사람에게 실패는 마이너스가 아니라 플러스 자산이 됩니다.

(4) 실패가 준 선물은 미래에 열린다

지금은 실패가 너무 아프고, 당장 결과가 보이지 않아 허무할 수 있습니다. 하지만 실패의 가치는 종종 시간이 지나야 드러납니다.

과거의 어려움 덕분에 오늘의 내가 준비된 경우가 얼마나 많은지 모릅니다. 사업 실패를 겪은 사람이 다음 창업에서 성공 확률이 높아지고, 연애 실패를 겪은 사람이 다음 사랑에서 더 성숙해지는 이유가 바로 그것입니다.

(5) 실패를 두려워하지 않는 사람만이 성장한다

성공만을 좇다 보면, 도전 자체를 포기하게 됩니다. 실패의 가능성을 차단하려다 보니 안전한 길만 걷게 되고, 안전한 길은 결국 아무것도 남기지 않습니다.

반대로 실패를 성장 수업료로 받아들이는 사람은 더 자주, 더 크게 도전합니다. 그 과정에서 경험치가 쌓이고, 마침내 누구도 빼앗을 수 없는 '실력'이 만들어집니다.

결론적으로, 실패는 끝이 아니라 과정입니다. 오늘의 실패가 내일의 발판이 됩니다. 손실이라고 생각하면 그 순간 끝나지만, 수업료라고 생각하면 그 순간부터 배움이 시작됩니다. 그러니 다음번 실패가 찾아오더라도 이렇게 말해보세요.

"좋아, 이번에도 수업료를 냈으니, 한 단계 더 성장하겠군."

그 순간, 실패는 더 이상 당신을 무너뜨릴 수 없습니다. 오히려 당신을 한층 강하게, 넓게, 깊게 만드는 최고의 스승이 될 것입니다.

먼저 해라!
순서를 바꾸면 인생이 바뀐다

우리는 종종 이렇게 말합니다.

"시간이 나면 운동할게."

"마음이 좀 편해지면 책을 읽을 거야."

"돈에 여유가 생기면 공부를 시작해야지."

그리고 이렇게도 말합니다.

"성공하면 책을 쓸 거야."

겉으로는 모두 합리적인 말처럼 들립니다. 하지만 이런 말에는 공통된 함정이 있습니다. '먼저 해야 할 것을 뒤로 미루는 습관'입니다. 건강해져야 운동하는 것이 아니라, 운동해야 건강해지고, 성공해야 책을 쓰는 게 아니라, 책을 써야 성공이 가까워집니다.

(1) 조건이 아니라 행동이 변화를 만든다

많은 사람들이 무언가를 시작하기 전에 완벽한 조건을 기다립니다.

"몸이 좀 더 좋아지면, 시간이 생기면, 경험이 쌓이면…"

하지만 완벽한 조건은 오지 않습니다. 우리는 늘 바쁘고, 몸은 늘 완벽하지 않으며, 세상은 결코 기다려주지 않습니다.

건강을 예로 들어봅시다. 몸이 완전히 좋아진 뒤에 운동을 하겠다는 건 모순입니다. 건강을 되찾는 방법 중 하나가 운동이기 때문입니다.

성공과 책도 마찬가지입니다. 많은 사람들이 "성공하면 내 이야기를 책으로 쓰겠다"고 말합니다. 하지만 책을 먼저 쓰는 사람은 오히려 더 빨리 성장합니다. 책을 쓰면 나의 생각이 정리되고, 전문성이 드러나고, 사람들에게 신뢰를 얻게 되기 때문입니다. 책은 성공의 결과물이 아니라, 성공으로 가는 사다리입니다.

(2) '먼저 하는 사람'이 얻는 보상

세상은 먼저 움직이는 사람에게 보상을 줍니다. 아침 일찍 하루를 준비하는 사람은 시간을 선물로 받고, 먼저 인사하는 사람은 관계에서 신뢰를 얻습니다. 사업에서도, 자기계발에서도 마찬가지입니다.

새로운 기술이 시장에 나왔을 때 남들보다 먼저 배우고 적용한 사람은 기회를 잡습니다. 그리고 책을 쓰는 것도 같은 원리입니다. 남들보다 먼저 나의 생각을 정리하고 세상에 내놓으면, 그 책이 나를 대신해 나를 알리고 기회를 불러옵니다.

먼저 한다는 것은 '조건이 갖춰지지 않아도 시작하는 용기'를 의미합니다.

(3) 미루는 습관이 만드는 손해

미루는 사람은 변명거리를 잘 만듭니다.
"날씨가 더워서 운동을 못 한다."
"바빠서 공부할 시간이 없다."
"아직 성공하지 못해서 책을 쓸 자격이 없다."
하지만 이런 이유로 오늘을 미루면, 내일은 더 많은 이유가 생깁니다. 운동을 미루면 체력이 더 떨어지고, 공부를 미루면 경쟁자는 더 앞서갑니다. 책 쓰기를 미루면, 나보다 늦게 시작한 사람이 먼저 책을 출간해 그 자리를 차지합니다.

(4) 작게라도 시작하는 힘

"시작이 반이다"라는 말은 그냥 속담이 아닙니다. 시작하는 순간, 변화의 절반은 이미 달성됩니다. 운동은 5분 스트레칭부터, 공부는 하루 3쪽 독서부터, 책 쓰기는 하루 5줄 기록부터 시작하면 됩니다.

처음에는 어색하고 느리지만, 꾸준히 쓰다 보면 생각이 정리되고, 나만의 언어가 쌓입니다. 그리고 어느 순간, 책 한 권이 완성됩니다.

(5) 기다리지 말고 만들어라

많은 사람들이 '기다리는 인생'을 삽니다. 좋은 기회가 오기를, 누군가 나를 알아주기를, 상황이 나아지기를 기다립니다. 하지만 기다림은 아무것도 만들어 주지 않습니다. 행동하는 사람은 기회를 '만듭니다'.
"건강을 원하면 운동을 먼저 시작한다."
"부를 원하면 돈을 관리하고 불리는 습관을 먼저 만든다."
"성공을 원하면 책을 먼저 쓴다."
책을 쓰면 나의 이야기가 사람들에게 닿고, 나를 전문가로 기억하게 만들고, 강연·사업·브랜드 기회를 가져옵니다. 책은 '나를 성공으로 이끄는 홍보사절'이자 '문을 여는 열쇠'입니다.

(6) 완벽보다 빠른 시작

'완벽한 준비'라는 건 환상입니다. 지금 부족해 보이더라도 지금 시작하는 편이 나중에 완벽하게 준비하는 것보다 훨씬 큰 결과를 줍니다.

책을 쓰려면 시간이 많아야 한다고 생각하지만, 실제로 책을 출간한 사람들의 대부분은 바쁜 중에도 틈을 쪼개어 씁니다. 쓰다 보면 시간이 생기는 것이지, 시간이 생겨야 쓰는 것이 아닙니다.

(7) 결론 – 지금, 여기서, 먼저

건강도, 성공도, 행복도, 책 한 권도 모두 먼저 하는 사람의 몫입니다. 건강해지면 운동하는 것이 아니라, 운동해야 건강해집니다. 성공하면 책을 쓰는 것이 아니라, 책을 써야 성공이 다가옵니다.

시작은 두렵지만, 결과는 당신 편입니다. 아직 부족하다고 느껴질 때, 바로 그때가 시작할 때입니다. 오늘, 미루지 말고 먼저 하십시오. 그 한 걸음이 1년 뒤, 10년 뒤, 완전히 다른 당신을 만들어 줄 것입니다.

사람이 잘 변하지 않는 이유 5가지

우리는 살면서 '이제 정말 변해야겠다'라는 다짐을 수없이 합니다. 다이어트를 결심하고, 책을 읽기로 하고, 아침에 일찍 일어나기로 하고, 인간관계를 정리하기로 결심합니다.

하지만 며칠, 길어야 몇 주가 지나면 다시 예전의 모습으로 돌아가 버리죠. 왜 그럴까요? 사람이 잘 변하지 않는 이유는 단순히 의지가 약해서가 아니라, 인간의 뇌와 심리, 그리고 환경이 얽혀 있기 때문입니다.

(1) 익숙함에 대한 중독

인간은 '안전'과 '예측 가능성'을 본능적으로 추구합니다. 지금의 삶이 불편하고 불만족스러워도, 그 불편함이 '익숙함' 속에 자리 잡으면 안정감을 느낍니다. 마치 오래된 구두를 신으면 발이 편한 것처럼, 불편하지만 익숙한 상태를 놓기 싫어하는 것입니다.

변화는 늘 불확실성을 동반합니다. '과연 잘 될까?', '더 나빠지면 어떡하지?'라는 불안이 우리를 붙잡습니다. 결국 '변화로 인한 불확실성'이 '지금의 불편함'보다 더 크게 느껴질 때, 우리는 현상 유지를 선택합니다.

(2) 즉각적 보상의 부재

사람의 뇌는 '지금 당장'의 보상에 민감합니다. 그래서 다이어트를 시작한 지 3일 만에 체중이 크게 줄지 않으면, '해도 소용없네'라는 생각이 듭니다.

한두 번의 운동으로 근육이 잡히지 않으면 포기하고, 책을 읽기 시작해도 하루 이틀 만에 인생이 바뀌지 않으니 그만두게 됩니다. 문제는 진짜 변화는 장기적인 축적에서 온다는 점입니다.

하지만 우리의 뇌는 단기 쾌락을 더 선호하도록 설계되어 있어, 장기 보상을 기다리는 것이 쉽지 않습니다. 결국 '지금 당장 느낄 성취감'이 없으면 동기가 떨어지고, 포기하게 됩니다.

(3) 자기합리화와 변명

"나는 원래 이런 사람이야."
"지금도 나쁘지 않은데 뭐."
"상황이 좀 더 나아지면 시작하지."

이런 말들은 겉으로는 위로처럼 들리지만, 사실은 변화를 회피하는 방패입니다. 자기합리화는 변화를 향한 불편함을 줄여주지만, 동시에 성장의 기회도 없애버립니다. 또한, 변명을 반복하면 스스로 그 말을 믿게 되어, 변화해야 할 이유가 점점 흐려집니다.

(4) 잘못된 방법과 정보

변화를 시도했지만 실패한 경험이 있는 사람은 다시 시도하기를 두려워합니다. 이때 원인은 '나의 한계'가 아니라 방법의 문제인 경우가 많습니다.

잘못된 다이어트 방법은 건강을 해치고, 비효율적인 공부법은 시간을 낭비하게 하고, 자신과 맞지 않는 사업 전략은 실패를 부릅니다.

하지만 우리는 그 실패를 '내 탓'으로 돌리며 더 이상 도전하지 않으려 합니다. 결국 변화의 문은 닫히고, 과거의 상처가 새로운 시도를 가로막습니다.

(5) 환경과 관계의 영향

우리는 생각보다 환경과 주변 사람의 영향을 크게 받습니다. 함께 어울리는 사람이 부정적이거나, 변화보다 안정을 추구한다면 그 분위기에 휩쓸립니다. 가령, 건강을 위해 식단 조절을 하려 해도 주변 사람들이 야식과 술자리를 권하면 의지가 무너집니다.

환경이 변화를 지지하지 않으면, 혼자의 힘으로 변화를 유지하기 어렵습니다. 그래서 성공적인 변화를 위해서는 '환경 설계'가 필수입니다. 같은 목표를 가진 사람과 어울리고, 변화에 도움이 되는 장소와 습관을 선택해야 합니다.

결국, 변화를 만드는 힘은 '설계'에 있습니다. 많은 사람이 변화를 '의지'의 문제로만 생각하지만, 실제로는 의지보다 환경, 방법, 보상 구조가 더 큰 영향을 미칩니다. 환경을 바꾸지 않고, 방법을 찾지 않고, 보상 시스템을 만들지 않으면 아무리 강한 결심도 무너집니다.

익숙함의 함정에서 벗어나려면, 일부러라도 새로운 자극을 받아야 합니다.

즉각적 보상의 부재를 극복하려면, 작은 성취를 기록하고 스스로 칭찬하는 습관이 필요합니다.

자기합리화를 줄이려면, 솔직하게 자신의 현재 위치를 직시해야 합니다.

잘못된 방법을 피하려면, 경험자의 조언과 검증된 전략을 활용해야 합니다.

환경의 한계를 넘어서려면, 변화에 도움되는 사람과 공간을 선택해야 합니다.

삶의 무기력에서 벗어나는 방법

가끔 우리는 아무것도 하기 싫고, 모든 것이 무의미하게 느껴지는 시기를 겪습니다. 눈을 뜨면 하루가 시작되지만, 몸과 마음이 따라주지 않는 상태. 이것이 바로 '무기력'입니다.

무기력은 단순히 게으름과 다릅니다. 하고 싶은 마음이 사라지고, 시도조차 하지 않게 만드는 깊은 감정의 늪입니다. 그러나 기억해야 할 것은, 무기력은 평생 붙잡고 살아야 하는 운명이 아니라는 것입니다. 누구나 빠질 수 있지만, 누구나 빠져나올 수 있습니다.

(1) 작은 '움직임'이 시작이다

무기력의 가장 큰 특징은 '정지'입니다. 아무것도 하지 않고, 변화 없는 하루를 반복합니다. 그런데 뇌는 신기하게도, 몸이 움직일 때 에너지를 되찾습니다. 그래서 무기력에서 벗어나는 첫걸음은 거창한 계획이 아니라 아주 작은 행동입니다.

아침에 커튼을 열고 햇볕을 받기, 10분이라도 산책하기, 책 한 페이지 읽기. 이런 단순한 움직임이 신호탄이 됩니다. 뇌와 몸이 '시작했다'는 신호를 받으면, 점점 더 많은 행동이 따라옵니다. 중요한 건 '할 수 있는 최소한'부터 시작하는 것입니다.

(2) 하루에 하나, 아주 작은 목표 세우기

무기력할 때는 '해야 할 일'이 너무 많아 보여서 오히려 아무것도 못 하게 됩니다. 그래서 이 시기에는 목표를 극단적으로 줄여야 합니다. 예를 들어, '오늘은 5분만 청소한다'처럼 작게 설정합니다.

목표를 달성하면 뇌는 도파민을 분비합니다. 이 성취감은 또 다른 행동을 끌어내는 '에너지 사슬'을 만듭니다. 중요한 건, 목표가 너무 작아 '이걸 해도 의미 있을까?' 싶을 정도여야 한다는 겁니다. 그 사소한 성공이 무기력의 벽을 조금씩 무너뜨립니다.

(3) 환경을 바꾸면 마음도 바뀐다

무기력은 종종 '환경의 반복성'에서 강화됩니다. 매일 같은 자리, 같은 소리, 같은 풍경 속에서 뇌는 새로운 자극을 받지 못합니다. 그러면 에너지도 고갈됩니다. 이럴 때는 환경을 조금만 바꿔도 효과가 있습니다.

작업 공간의 위치 바꾸기, 집안 물건 배치 변경하기, 새로운 카페나 도서관에서 일하기, 평소 듣지 않던 음악 틀기. 작은 변화가 뇌를 깨우고, 감정에도 변화를 줍니다. '새로움'은 무기력에 가장 강한 해독제입니다.

(4) 관계의 힘을 빌리기

혼자서 무기력을 벗어나기는 어렵습니다. 사람은 사회적 동물이라, 다른 사람과의 관계가 에너지의 큰 원천이 됩니다. 무기력할 때일수록 '에너지를 주는 사람'을 만나야 합니다.

긍정적이고 도전적인 친구, 나를 인정해 주는 사람, 함께 목표를 공유할 수 있는 동료. 이들과 대화하는 것만으로도 마음의 온도가 올라갑니다. 단, 불평과 부정만 가득한 사람은 피해야 합니다. 무기력에서 벗어나려면, 에너지의 순환이 일어나는 관계 속에 있어야 합니다.

(5) '완벽함' 내려놓기

무기력은 완벽주의와 자주 연결됩니다. '제대로 못 할 거면 아예 안 하겠다'는 생각이죠. 하지만 완벽은 시작의 가장 큰 적입니다. 무기력에서 벗어나려면 '조잡해도 괜찮다', '일단 해본다'는 마음이 필요합니다.

작은 시도 속에서 우리는 생각보다 빨리 동력을 회복합니다. 완벽함은 나중에 다듬어도 늦지 않습니다. 중요한 건, 완벽을 위해 멈춰 있는 것이 아니라 불완전한 채로라도 움직이는 것입니다.

(6) 몸부터 챙기기

마음의 힘은 몸의 상태와 직결됩니다. 영양 불균형, 수면 부족, 운동 부족은 무기력을 심화시킵니다. 반대로, 건강한 몸은 정신을 깨웁니다.

일정한 수면 패턴 유지, 균형 잡힌 식사, 가벼운 유산소 운동. 특히 햇빛을 받으며 걷는 것은 세로토닌 분비를 촉진해 기분을 끌어올립니다. 무기력에서 벗어나고 싶다면, 몸을 먼저 살려야 합니다.

(7) '왜 살아야 하는가'라는 질문 다시 쓰기

무기력은 종종 '의미 상실'에서 옵니다. 일이든 공부든, 삶이든 '왜 해야 하는지'를 잃으면 힘이 사라집니다. 이럴 때는 인생의 목적을 거창하게 찾기보다, 당장 내 마음을 움직이는 이유를 하나씩 찾아야 합니다.

내가 사랑하는 사람을 위해, 내 미래의 자유를 위해, 내가 이루고 싶은 작은 꿈을 위해. 이유를 찾으면, 그 이유가 나를 움직입니다. '해야 하는 일'이 아니라, '하고 싶은 이유'가 생기는 순간, 무기력은 서서히 풀립니다.

(8) 기록하고 점검하기

무기력에서 벗어나는 과정은 눈에 잘 보이지 않습니다. 그래서 작은 변화라도 기록하면 좋습니다.

오늘 한 행동 3가지, 오늘 감사한 일 1가지, 내일 할 일 1가지. 이렇게 간단히 적어도 '나는 변하고 있다'는 확신이 듭니다. 기록은 나의 에너지 회복 과정을 가시화하고, 다시 무기력으로 빠질 때 경고등 역할을 합니다.

(9) 시간이 필요하다는 사실을 인정하기

무기력에서 벗어나는 건 하루아침에 되지 않습니다. 초조함은 오히려 다시 무기력을 불러옵니다. '내가 지금 회복 중'이라는 사실을 받아들이고, 느리더라도 한 걸음씩 나아가야 합니다. 중요한 건 속도가 아니라 방향입니다.

(10) 결론 – 무기력은 나를 변화시키는 신호다

무기력은 나약함의 증거가 아니라, '지금의 삶이 나에게 맞지 않는다'는 신호일 수 있습니다. 무기력은 우리를 멈춰 세우지만, 동시에 방향을 바꾸게 만드는 힘이 있습니다. 중요한 건, 거기서 멈추지 않고 작게라도 움직이는 것입니다.

오늘 한 번만 더, 아주 작은 걸음을 내디뎌 보세요. 그 한 걸음이 내일을 바꾸고, 내일이 모여 새로운 삶을 만듭니다.

〔3장〕

행복, 비교, 관계

비교는 행복의 도둑이다

우리는 하루에도 수십 번, 때로는 무의식적으로 비교를 합니다. 친구의 집과 내 집, 동료의 성과와 내 성과, 누군가의 외모와 나의 외모….

비교는 마치 숨 쉬듯 자연스럽게 스며듭니다. 그러나 이 비교라는 습관은 생각보다 치명적입니다. 그 이유는 간단합니다. **비교는 행복을 빼앗아 가는 도둑**이기 때문입니다.

(1) 비교의 메커니즘 – 결핍에서 출발하다

비교는 항상 '나에게 없는 것'에서 시작합니다. 내가 가진 것보다 **남이 가진 것이 더 커 보일 때** 우리는 결핍을 느낍니다. 그리고 그 결핍은 곧 불만이 되고, 불만은 감사의 마음을 사라지게 만듭니다.

감사가 사라진 자리에 행복이 머무를 수 없습니다. 행복은 '충분하다'는 감정에서만 자라는데, 비교는 그 감정을 무너뜨립니다.

(2) 비교의 착시 – 전부를 보지 못한다

우리가 비교하는 대상은 늘 남의 '겉모습'입니다. 누군가의 성공 뒤에 있는 눈물과 실패, 불안을 우리는 잘 모릅니다. 하지만 우리는 마치 그 사람의 인생이 완벽한 듯 부러워합니다.

이것이 바로 비교의 착시입니다. 남의 삶을 100% 보지 않고 10%만 보고 내 삶 전체와 비교하니, 결과는 늘 '내가 부족하다'는 결론에 도달할 수밖에 없습니다.

(3) 비교의 역설 – 나를 잃어버리다

비교는 우리를 더 노력하게 만들기도 하지만, 그 방향이 바뀌면 오히려 나를 잃게 합니다.

다른 사람을 이기기 위해 억지로 선택한 길, 진짜 내가 원하는 것이 아닌 목표는 결국 성취 후에도 공허함만 남깁니다.

비교 속에서 사는 사람은 자기만의 속도와 색깔을 잃어버리고, 남의 시선과 평가에 인생의 방향을 맡깁니다.

(4) 비교를 이기는 방법 – '어제의 나'와 겨루기

비교를 완전히 없앨 수는 없습니다. 그러나 방향을 바꿀 수는 있습니다. 남이 아닌 **어제의 나**와 비교하는 것입니다.
"나는 어제보다 나아졌는가?"

이 질문은 나를 해치지 않고 성장으로 이끌어 줍니다. 남과의 비교는 열등감과 시기심을 키우지만, 나와의 비교는 성취감과 자기 확신을 키웁니다.

(5) 비교를 멈추면 오는 선물 – 진짜 자유

비교를 내려놓으면 마음이 가벼워집니다. 내 속도가 느리든 빠르든, 내 길이 크든 작든 상관이 없습니다. 나는 나대로, 그 자체로 의미가 있음을 알게 됩니다.

그때 우리는 비로소 '행복'이 멀리 있는 것이 아니라 내 안에서 이미 존재하고 있었음을 발견하게 됩니다.

(6) 마무리하며

비교는 조용히 다가와 마음속 평화를 훔쳐갑니다. 그러니 그 도둑을 집 문턱에서 막아야 합니다. 행복은 '남보다 잘나야' 오는 것이 아니라, '남과 비교하지 않을 때' 비로소 온다는 것을 기억합시다.

나의 행복에는
타인의 행복도 있다

우리가 흔히 행복을 이야기할 때, 그 중심에는 '나'가 있습니다. 좋은 집, 안정된 수입, 건강한 몸, 하고 싶은 일을 할 자유. 이 모든 것은 분명 나를 위한 행복의 조건입니다. 그러나 시간이 지나고, 경험이 쌓일수록 깨닫게 됩니다. **내 행복이 온전히 유지되려면, 그 안에는 반드시 타인의 행복이 함께 있어야 한다는 사실**을 말입니다.

행복을 단순히 '내 것'으로만 생각하면, 그것은 금세 작아집니다. 나 혼자 맛있는 음식을 먹는 기쁨도, 혼자 여행을 가는 설렘도 처음에는 달콤하지만, 오래가지 못합니다. 왜냐하면 **행복은 본질적으로 나누어질 때 깊어지고, 함께할 때 지속되기 때문**입니다. 인간은 사회적 존재이고, 우리가 느끼는 기쁨과 만족은 대부분 관계 속에서 자라납니다.

(1) 관계가 만드는 행복의 확장성

한 아이가 부모에게 웃음을 주면, 부모의 행복은 배가됩니다. 그 행복은 다시 아이에게 전해져 더 큰 사랑으로 돌아옵니다. 친구가 어려움에 처했을 때 돕는 마음은 수고스러운 일이지만, 그 친구가 웃음을 되찾는 순간, 나의 마음도 환해집니다. 이처럼 타인의 행복과 나의 행복은 서로를 비추는 거울과 같습니다. 내가 비출수록, 내 안의 빛도 강해집니다.

만약 내가 아무리 노력해도 주변 사람들이 늘 불행하고 힘들다면, 나의 행복은 오래 유지되기 어렵습니다. 예를 들어 직장에서 내가 성과를 내더라도, 팀원들이 불만과 갈등 속에 있다면 그 성취감은 불완전합니다. 반대로 모두가 함께 성과를 나누고 기뻐할 때, 나의 성취는 훨씬 더 큰 의미를 갖습니다.

(2) 주는 행복과 받는 행복

사람들은 종종 "주는 것이 받는 것보다 더 행복하다"는 말을 쉽게 합니다. 그러나 실제로 주는 일은 때때로 희생과 불편을 동반합니다. 그럼에도 불구하고 주는 사람의 표정은 대개 평온하고 따뜻합니다. 왜냐하면 **타인을 행복하게 만드는 과정에서 나도 존재 이유와 가치를 느끼기 때문**입니다.

타인의 행복에 기여한다는 것은 단순히 도움을 주는 차원을 넘어섭니다. 그것은 내 삶이 누군가의 삶에 긍정적인 영향을 주고 있다는 확신을 심어줍니다. 이 확신은 돈으로도 살 수 없는 내적 만족을 줍니다. 예를 들어, 하루 종일 힘들게 일했지만, 내가 한 일이 누군가의 하루를 편안하게 만들었다는 생각이 들면, 그 피로는 달콤한 보람으로 바뀝니다.

(3) 나와 타인의 행복을 잇는 다리

그렇다면 어떻게 해야 나의 행복 속에 타인의 행복을 담을 수 있을까요?

첫째, **관심의 초점을 '나'에서 '우리'로 확장**해야 합니다. 행복을 목표로 삼을 때, 그 범위를 나만이 아니라 가족, 동료, 친구까지 포함하면 행복의 파이는 커집니다.

둘째, **작은 친절을 생활화**하는 것입니다. 커피 한 잔을 건네는 사소한 행동도, 진심이 담기면 타인의 하루를 바꿀 수 있습니다.

셋째, **함께하는 경험을 늘리는 것**입니다. 아무리 사소한 일이라도 혼자보다 함께할 때 기억이 오래가고, 그 기억은 시간이 지나도 따뜻함을 남깁니다.

(4) 이기심과 이타심의 균형

많은 사람들이 "타인을 위한다"는 말을 들으면, 자신의 것을 포기하고 헌신하는 모습을 떠올립니다. 그러나 나의 행복에 타인의 행복을 담는 것은 반드시 나를 희생하는 것을 의미하지 않습니다. 오히려 나의 행복을 지키면서, 동시에 타인의 행복에도 기여할 수 있는 **균형의 지점**을 찾는 것이 중요합니다.

예를 들어, 내가 좋아하는 일을 하면서 그 결과가 다른 사람에게도 유익하다면, 그것은 가장 이상적인 형태입니다. 요리사가 손님을 위해 음식을 정성껏 만들 때, 손님의 만족은 곧 요리사의 행복이 됩니다. 교사가 학생의 성장을 위해 최선을 다할 때, 학생의 웃음은 교사에게 큰 보람이 됩니다. 이처럼 **나의 성취와 타인의 기쁨이 겹치는 순간**이야말로 가장 깊은 행복의 순간입니다.

(5) 행복은 순환한다

행복은 고정된 것이 아니라 순환합니다. 내가 타인의 행복에 기여하면, 그 사람의 행복이 다시 나에게 돌아옵니다. 이 과정이 반복되면 관계는 더욱 단단해지고, 서로의 삶은 더 풍요로워집니다.

결국, 나의 행복과 타인의 행복은 서로 다른 것이 아니라 같은 뿌리에서 자라는 두 가지 열매입니다. 한쪽만 자라게 하면 나무가

기울지만, 두 열매가 함께 자라면 나무는 균형을 유지하며 더 많은 열매를 맺습니다.

레프 톨스토이는 이렇게 말했습니다.

"해야 할 것을 하라. 모든 것은 타인의 행복을 위해서, 동시에 특히 나의 행복을 위해서이다."

이 말은, 나의 행복과 타인의 행복이 결코 분리될 수 없음을 보여줍니다. 나 혼자만의 행복은 오래갈 수 없지만, 함께 만든 행복은 세월이 흘러도 빛을 잃지 않습니다.

그러니 오늘 하루, 나의 행복을 위해서라도 누군가의 행복에 작은 불씨를 지펴보는 건 어떨까요? 그 불씨는 언젠가 내 마음을 더 따뜻하게 덥혀줄 것입니다.

'잘해라'보다
'잘한다'는 격려가 더 성장시킨다

우리는 누군가를 키우고 싶다고 말합니다. 자녀를, 직원들을, 후배들을, 그리고 때로는 자신을. 그럴 때 대부분의 사람은 이 말을 합니다.

"잘해라."

이 짧은 말 속에는 기대와 책임, 긴장과 압박이 들어있습니다. 물론 그 말은 선한 의도에서 나옵니다. '잘되길 바란다'는 진심이 숨어있기도 합니다.

하지만 듣는 입장에서는 그 말이 칭찬이 아니라 **검열처럼 들릴 수 있습니다**. '지금은 부족하다'는 선언처럼 들리기도 합니다. 그리고 그런 말은 종종 **사람을 움츠러들게 만듭니다**.

한 아이가 그림을 그립니다. 엄마가 말합니다.

"더 예쁘게 그려봐."

또 한 아이가 그림을 그립니다. 다른 엄마는 말합니다.

"우와, 네가 색을 정말 잘 골랐구나. 계속 해봐!"

이 두 아이는 자라면서 전혀 다른 방식으로 자신을 믿게 됩니다. 한 아이는 늘 '더 잘해야 인정받는 사람'이 되고, 다른 아이는 '지금도 잘하고 있으니 더 해볼 수 있는 사람'이 됩니다.

사람은 **지적보다 인정으로** 성장합니다. **지적은 부족함을 보게 하고, 인정은 가능성을 보게 합니다.**

누군가 "잘해라"는 말을 들을 때, 마음속에 드는 첫 감정은 **긴장**과 **불안**입니다. '지금 이대로는 부족한가?', '실수하면 안 되겠구나.' 그런 마음은 도전보다 회피를 낳습니다. 더 나은 결과보다는, **덜 실패하기 위한 선택**을 하게 됩니다.

반면 "잘하고 있어"라는 말을 들으면 사람은 기꺼이 한 걸음을 더 내딛습니다. 내가 믿음을 받고 있다는 감각, 이미 좋은 길 위에 있다는 확신이 **스스로의 역량을 더 크게 끌어올리는 힘**이 됩니다.

성장은 칭찬을 먹고 자랍니다. '거짓 칭찬'이 아니라 '가능성을 인정하는 말'이 필요합니다.

"네가 노력한 게 보인다."

"지금처럼만 해도 충분히 잘하고 있어."

"이미 잘하고 있으니까, 이번에도 할 수 있을 거야."

이런 말들은 사람의 내면을 깨우고, 스스로를 더 사랑하게 만듭니다. 그리고 그런 마음이 결국은 진짜 성장을 만들어 냅니다.

사람은 누구나 **자신의 가치를 믿고 싶은 본능**이 있습니다. 그 가치를 가장 빠르게 일깨워 주는 방법은 **비판이 아니라 격려**입니다.

특히 누군가가 실수했을 때, 그를 추궁하는 것보다 그동안 잘해온 점을 떠올리게 해주는 격려는 그 사람의 자존감을 회복시키고, 다음엔 더 잘하고 싶게 만드는 원동력이 됩니다.

우리는 생각보다 자주 "더 잘해라"는 말로 사랑을 표현합니다. 하지만 그 말이 때로는 '지금의 너는 충분하지 않다'는 의미로 들릴 수 있습니다. 그래서 오늘은 그 말을 이렇게 바꿔보면 어떨까요?

"지금도 충분히 잘하고 있어. 계속 그렇게 해봐."

그 한마디가 한 사람의 마음을 살리고, 그 사람의 인생을 바꾸는 **변화의 불씨**가 됩니다.

자기합리화는
변화를 포기하는 것과 같다

사람은 누구나 스스로를 변명하고 싶어 합니다. 실패했을 때, 미루었을 때, 실수했을 때 우리는 그 이유를 "어쩔 수 없었다"고 설명하려 합니다. 이런 변명은 한두 번쯤은 위로가 되지만, 반복될수록 **자기합리화의 늪**에 빠지게 됩니다.

"나는 지금 너무 바빠서 새로운 걸 시도할 수 없어."

"환경이 안 도와줘서 어쩔 수 없었어."

"다들 그렇게 살아. 나만 노력해서는 달라지지 않아."

이런 말들은 어쩌면 잠시 나를 편하게 해주지만, 그 순간부터 우리는 **더 나은 내가 될 기회**를 스스로 거부하게 됩니다.

자기합리화는 마음속의 거울을 흐리게 만듭니다. 내가 정말 원하는 모습이 아니라, 지금의 나를 유지하기 위한 평계를 비춥니다. 이 거울은 진실을 보여주지 않습니다. 대신 "이 정도면 괜찮아"라는 말을 되뇌며 성장하려는 의지를 서서히 마비시킵니다.

변화란 불편한 것입니다. 익숙한 것을 버리고 낯선 것을 받아들이는 일. 하지만 진짜 성장은 늘 그 '불편함' 속에서 일어납니다.

그래서 우리는 '변화'를 원하면서도, 그 불편함 앞에서 자기합리화라는 방패를 꺼내 듭니다.

"지금 이대로도 괜찮다"고 스스로를 설득하는 순간, 우리는 한 걸음도 나아가지 않게 됩니다.

자기합리화는 나를 보호하는 듯 보이지만, 사실은 **나의 가능성을 억누르고, 미래를 제한하는 족쇄**입니다. 스스로를 위로하는 말 뒤에는 변화를 포기한 수많은 순간들이 숨어있습니다.

한 사람이 성공하고, 성장하고, 인생을 바꾸는 과정은 사실 아주 단순한 선택의 반복입니다.

"변명할 것인가, 책임질 것인가."

"합리화할 것인가, 변화할 것인가."

이 갈림길에서 어떤 길을 선택하느냐에 따라 그 사람의 삶은 완전히 달라집니다. 살다 보면 수없이 마음이 흔들립니다. 하고 싶지 않을 때도 있고, 남 탓을 하고 싶을 때도 있습니다. 그럴 때마다 스스로에게 이렇게 물어야 합니다.

"나는 지금, 내 성장을 미루고 있는가?"

"이건 핑계인가, 진짜 이유인가?"

이 질문은 당신을 괴롭히기 위한 것이 아니라, 당신을 지키기 **위한 깨어있는 물음**입니다. 자기합리화는 '지금'은 지켜줄지 몰라도 '내일'은 절대 바꿔주지 않습니다.

오늘의 작은 변명이 내일의 가능성을 무너뜨릴 수 있습니다. 성공하는 사람은 자신을 속이지 않습니다. 상황이 어렵더라도, 핑계를 대지 않습니다. 자신의 책임을 인정하고, 불편함을 선택합니다. 왜냐하면 그 불편함 속에 진짜 변화가 있고, 그 변화 속에 **새로운 삶의 길**이 열리기 때문입니다.

삶이란 매일매일 자신과의 대화입니다.

"오늘도 나는 최선을 다했는가?"

"나는 지금 나를 속이고 있지는 않은가?"

이 질문에 솔직해질 수 있다면 당신은 이미 변화의 출발선에 서 있는 것입니다. 기억하세요. 자기합리화는 나를 당장은 위로하지만, 결국은 나를 멈추게 합니다.

자기합리화는 변화를 포기하는 것과 같습니다. 변화를 원한다면, 오늘부터 '핑계 대신 책임'을 선택하세요. 그 작은 결심 하나가 당신의 인생을 바꾸는 가장 강력한 힘이 됩니다.

나를 바꾸려면
만나는 사람을 바꿔야 한다

인생은 결국 '관계'로 이루어집니다. 우리는 매일 누군가를 만나고, 그들과 이야기하고, 함께 시간을 보내며 자신도 모르게 영향을 주고받습니다. 그런데 이 단순한 사실 속에 아주 큰 비밀이 숨어있습니다.

"나는 누구를 만나며 살고 있는가?"

이 질문에 대한 대답이 곧 지금의 나를 설명해 줍니다. 어느 유명한 심리학자는 말했습니다.

"당신의 가장 가까운 다섯 사람의 평균이 당신이다."

이 말은 단순한 조언이 아니라, 오랜 시간 사람을 연구한 결과이자 인생의 법칙과도 같습니다. 긍정적인 사람을 가까이하면 나도 점점 밝아지고, 비전 있는 사람 곁에 있으면 내 시야도 넓어집니다.

반대로 부정적인 사람, 늘 불평하는 사람과 함께 있으면 내 삶도 모르게 무거워지고 나아갈 방향을 잃게 됩니다.

우리는 환경의 동물입니다. 그리고 그 환경 중 가장 큰 요소는

'사람'입니다. 책을 많이 읽는 사람과 함께 있으면 자연스럽게 독서를 하게 되고, 자기 관리를 철저히 하는 사람 곁에 있으면 나도 습관을 다듬게 됩니다.

하지만 늘 핑계를 말하고, 남을 비난하며 시간을 흘려보내는 사람과 함께 있으면 나도 이유 없이 게을러지고, 언젠가부터 나약한 핑계를 말하는 자신을 발견하게 됩니다.

그러므로 내가 변하고 싶다면, 삶을 한 단계 끌어올리고 싶다면, 가장 먼저 해야 할 일은 '만나는 사람을 바꾸는 것'입니다.

물론 여기에는 용기가 필요합니다. 익숙한 관계를 정리하고, 새로운 사람을 찾는 일은 결코 쉽지 않습니다. 하지만 '성장에는 불편함이 따른다'는 걸 기억해야 합니다. 편안한 관계에만 안주한다면 결코 새로운 내가 될 수 없습니다.

만약 지금 당신이 정체되어 있다고 느껴진다면, 한 걸음도 앞으로 나아가지 못하고 있다고 느껴진다면, 이 질문을 스스로에게 던져보세요.

"나는 어떤 사람들과 시간을 보내고 있는가?"

"그들은 내게 어떤 영향을 주고 있는가?"

이 질문에 명확하게 답할 수 있다면, 지금 바로 변화의 첫걸음을 내디딜 수 있습니다.

당신이 더 나은 사람이 되고 싶다면 더 나은 사람을 만나야 합니다. 그 사람은 당신보다 더 큰 꿈을 꾸고, 더 부지런히 배우며,

더 따뜻한 마음으로 세상을 대하는 사람일 것입니다. 그들과 함께 시간을 보내면 어느새 나도 달라져 있는 자신을 보게 될 것입니다.

결국 사람은, 사람을 통해 성장합니다. 그 성장은 말없이 조용히 스며들지만, 어느 날 당신의 삶을 완전히 뒤바꿔 놓을 만큼 깊고, 뜨겁고, 단단한 힘을 품고 있습니다.

그러니 용기 내어, 더 나은 사람들을 찾아가세요. 그리고 나 또한 **누군가에게 좋은 영향이 되는 사람**이 되기 위해 오늘도 조금 더 배우고, 더 따뜻하게 행동하고, 더 진실하게 살아가야 합니다.

사람은 사람을 바꾸고, 관계는 인생을 바꿉니다. 그러니 오늘 당신이 만나는 사람을 통해 당신의 내일이 만들어지고 있다는 것을 잊지 마세요. **나를 바꾸려면, 내가 만나는 사람을 바꿔야 합니다.**

친구가 되고 싶으면 도움을 청하라

우리는 흔히, **친구란 내가 도와주는 사람**이라고 생각합니다. 어려운 사람이 있으면 먼저 손 내밀고, 내가 가진 것을 나누고, 그 사람이 힘들어할 때 위로해 주는 존재.

물론, 맞는 말입니다. 친구는 그렇게 탄생하기도 합니다. 그런데 정작 깊은 우정은, 그 반대의 순간에 피어나는 경우가 더 많습니다.

내가 **도움을 청할 때**, 마음을 열고 약한 모습을 보여줄 때, 상대는 나에게 진심으로 다가올 수 있는 여지를 느낍니다. 진짜 친구는, 내가 도울 수 있는 사람이 아니라, **나를 도와줄 수 있는 사람**이 되려는 순간 태어납니다.

(1) 왜 도움을 청해야 친구가 될까?

우리는 누구나 마음속에 **자기효능감**이라는 것을 가지고 살아갑니다.

"나는 누군가에게 도움이 되는 존재인가?"
"내가 있는 것이 누군가에게 의미가 있을까?"

이 물음에 '그렇다'는 확신을 줄 때, 사람은 존재감을 느끼고 연결을 느낍니다.

그런데 내가 늘 완벽하고, 혼자서 모든 걸 해결하며, 도움을 받지 않는 사람이라면? 상대는 '가까이 갈 이유'를 잃습니다. 나의 강함은 존경은 받을 수 있어도, **친밀감을 낳지는 못합니다.**

가끔 우리는 도움을 청하는 걸 약함이라고 착각합니다. 하지만 사실은, **도움을 청하는 것이 더 용기 있는 행동**입니다. 자존심을 내려놓고, 진짜 내 모습을 보여주는 일이기 때문입니다.

(2) 마음의 문은 도움을 요청할 때 열린다

심리학 실험 중에 이런 것이 있습니다. 누군가에게 도움을 받는 것보다, **도움을 주었을 때** 오히려 호감이 더 올라간다는 사실.

이유는 간단합니다. 우리는 누군가에게 도움을 줄 수 있었던 그 경험에서, **자기 존재의 의미와 가치**를 느끼기 때문입니다.

그러니 너무 잘하려고 애쓰지 마세요. 친해지고 싶은 사람이 있다면, 도움을 '제안'하는 것보다, 도움을 '요청'하는 것이 더 진심에 닿을 수 있습니다.

"시간 괜찮으면 너의 조언을 듣고 싶어."

"이 부분은 네가 나보다 잘 아는 것 같아. 도와줄 수 있을까?"

이렇게 도움을 청하는 순간, 상대는 당신을 '약한 사람'이 아닌 '신뢰를 준 사람'으로 기억합니다.

(3) 관계의 깊이는 약점을 드러낸 용기에서 시작된다

모든 인간관계는 결국 신뢰의 문제입니다. 그 신뢰는 서로의 강점을 드러낼 때가 아니라, 서로의 약점을 드러낼 때 생깁니다. 사람은 강한 사람보다, 솔직한 사람에게 마음을 엽니다.

"나 이런 게 두려워."

"사실 이게 나한텐 어려워."

이런 말은 상대를 무장 해제시킵니다. 왜냐하면, 상대도 그런 두려움과 부족함을 가지고 있기 때문입니다.

그리고 이런 순간이야말로, 우리가 서로 진짜 친구가 될 수 있는 **기회의 문**입니다. 완벽한 척, 잘난 척, 강한 척하는 사람에겐 문이 닫혀있고, 있는 그대로의 나를 보여주는 사람에게 문이 열립니다.

(4) 도움을 청한다는 것은 신뢰를 건네는 일이다

우정은 **함께 걸어가는 길**입니다. 누군가에게 도움을 요청한다는 것은 "당신을 믿는다"는 가장 깊은 표현입니다. 그리고 그 말은 이렇게 들립니다.

"나는 너와 친구가 되고 싶어."

"너는 나에게 소중한 사람이야."

도움을 청하세요. 그게 사람의 마음을 움직입니다. 그리고 그 안에서, 당신은 진짜 친구를 얻게 될 것입니다.

(5) 결론 – 마음의 용기를 꺼내야 관계가 자란다

우정이란, 멋지게 포장된 말로 시작되는 게 아닙니다. 작은 요청, 작은 대화, 작은 고백으로 싹을 틔웁니다. 그러니 너무 완벽하려고 하지 말고, 너무 잘 보이려고도 하지 마세요. 도움을 청할 때, 당신은 더 인간다워지고, 그 인간다움이 친구를 부릅니다.

"친구가 되고 싶다면, 먼저 도움을 청하라."

당신의 진심이, 또 하나의 마음을 흔들고, 움직일 것입니다.

사람 존중이 칭찬이 되어야 한다

우리는 하루에도 수많은 말을 주고받습니다. 짧은 말 한마디가 사람의 하루를 환하게 비추기도 하고, 깊은 상처를 남기기도 합니다. 그중에서도 **칭찬과 비판**, 이 두 가지 말의 사용법은 삶의 질을 결정짓는 숨은 기술입니다.

(1) 칭찬은 일에서 시작해 사람으로 닿아야 한다

"일을 잘했네요."

이 말 한마디보다 훨씬 더 큰 울림을 주는 말이 있습니다.

"당신은 정말 책임감 있는 사람이군요."

칭찬은 단순히 결과만 언급하면 피상적입니다. 하지만 그 일의 **과정을 인정**하고, 그 안에 깃든 **성실함, 집중력, 창의성**을 언급하면, 그것은 단순한 칭찬이 아니라 **사람을 존중하는 메시지**가 됩니다.

"자료 정리를 꼼꼼히 해줘서 고마워요"가 아니라 "당신의 섬세

함 덕분에 우리가 놓치지 않고 준비할 수 있었어요"라고 말하면 사람은 **자신의 존재**가 가치 있음을 느낍니다.

칭찬은 결국 **사람을 성장시키는 햇볕**입니다. 그 햇볕은 일의 표면이 아닌 사람의 중심까지 따스하게 비춰야 합니다.

(2) 비판은 사람을 향하지 말고, 일의 방향을 가리켜야 한다

반대로, 우리는 비판할 때 종종 실수합니다.

"왜 이렇게 일을 못 해요?"

"도대체 무슨 생각으로 이런 걸 한 거죠?"

이런 말은 문제의 해결이 아니라 **관계의 파괴**를 불러옵니다. 비판이 사람을 향하는 순간, **수치는 방어로 바뀌고**, 진심은 벽에 부딪혀 돌아옵니다.

문제는 사람이 아니라 **일에 있습니다**. 비판은 잘못된 행동을 조정하는 것이지, 사람 자체를 부정하는 것이 아닙니다.

"이 부분은 우리가 다시 검토할 필요가 있어요."

"이번 결과는 조금 아쉽네요. 어떤 부분에서 어려움이 있었나요?"

이처럼 **일을 중심에 두고 말하는 태도**는 상대의 자존감을 지키면서도 **건설적인 개선**을 가능하게 합니다.

(3) 말은 기술이 아니라 마음이다

"칭찬은 일에서 사람으로, 비판은 사람에서 일로 바꾸어라."

말을 바꾸는 것이 아닙니다. **사람을 존중하는 마음으로 중심을 바꾸는 것**입니다. 칭찬을 받을 때, 사람은 더 좋은 사람이 되고 싶어집니다. 비판을 들을 때, 사람은 더 나은 방향을 고민하게 됩니다. 그 힘은 말의 기술이 아니라 **진심과 방향성**에서 나옵니다.

(4) 오늘도 말 한마디가 누군가의 삶을 바꾼다

칭찬은 **기분이 아니라 정체성**을 세워줍니다. 비판은 **비난이 아니라 방향**을 제시해야 합니다. 말 한마디에 담긴 온도와 시선이 결국 **당신의 관계와 운명**을 결정합니다.

오늘 하루, 당신의 말이 누군가에게 위로가 되고, 성장이 되고, 사랑이 되기를 바랍니다.

좋은 일과 나쁜 일을 경험해야
진정한 행복을 알게 된다

"빛과 그림자를 모두 걸어야 행복이 보인다."

우리는 누구나 좋은 일만 일어나는 삶을 꿈꿉니다. 원하는 성취, 뜻밖의 행운, 사람들의 칭찬, 건강한 몸과 평온한 마음… 이런 순간들이 끊임없이 이어진다면 얼마나 좋을까 생각합니다.

하지만 인생은 그렇게 움직이지 않습니다. 마치 낮과 밤이 번갈아 오듯, 계절이 순환하듯, 삶도 기쁨과 슬픔, 성공과 실패, 만남과 이별이 교차합니다. 그리고 그 교차점 속에서만 우리는 '진짜 행복'이 무엇인지 알게 됩니다.

(1) 좋은 일만 있는 삶의 함정

좋은 일만 있는 삶은 처음에는 달콤합니다. 하지만 시간이 지날수록 그 달콤함은 점점 무뎌집니다.

계속 이어지는 햇빛 속에서는 그림자의 의미를 알 수 없듯, 늘 편안한 환경 속에서는 행복이 주는 울림이 옅어집니다. 고급 요리를 매일 먹으면 어느 순간 그 맛이 평범해지고, 매일 칭찬만 듣는 다면 더 이상 그 말이 특별하게 들리지 않습니다. 행복의 가치는 '비교'를 통해서만 진짜로 드러납니다.

(2) 나쁜 일만 있는 삶의 위험

반대로, 나쁜 일만 계속되는 삶은 사람을 쉽게 지치게 만듭니다. 빛을 한 번도 본 적 없는 어둠 속에서는 희망이 방향을 잃습니다.

계속된 실패는 자존감을 무너뜨리고, 반복되는 상실은 마음을 닫게 만듭니다. 이런 상황이 오래 지속되면 행복을 받아들일 수 있는 감각 자체가 사라질 위험이 있습니다. 그렇기에 인생은 좋은 일과 나쁜 일을 섞어놓았습니다. 이것은 단순한 우연이 아니라, 우리가 더 깊은 행복을 느끼도록 설계된 균형일지도 모릅니다.

(3) 대비가 만드는 행복의 깊이

비 오는 날이 있기에 맑은 날의 하늘이 더 눈부십니다. 쓰라린 실패가 있기에 작은 성공에도 가슴이 뜁니다. 사랑이 떠나간 경험이 있기에, 다시 찾아온 사랑이 얼마나 귀한지 깨닫습니다. 이처럼 나쁜 일은 좋은 일을 돋보이게 하는 배경이자, 행복의 깊이를 더해주는 조각입니다.

이 대비의 힘이 없다면, 우리는 '행복'이라는 단어를 느낄 수 없을 것입니다. 마치 소금이 음식의 맛을 끌어올리듯, 약간의 어려움은 삶의 맛을 진하게 만듭니다.

(4) 고난이 주는 성장의 선물

나쁜 일은 단순히 불행한 사건이 아닙니다. 그것은 우리를 단단하게 만드는 과정입니다.

힘든 시간을 지나오면, 같은 어려움이 다시 와도 마음이 크게 흔들리지 않습니다. 상처는 우리를 약하게 만들기도 하지만, 동시에 강하게 만듭니다. 그리고 그 강함 속에서 우리는 더 넓은 행복을 담아낼 수 있는 그릇이 됩니다.

흔히 사람들은 "시간이 약이다"라고 말합니다. 하지만 사실 시간 그 자체가 약이 되는 것이 아니라, 그 시간 동안 우리가 배우고 변하는 과정이 약이 됩니다. 고난을 견디며 얻은 통찰과 내면의 힘이, 이후 찾아올 행복을 훨씬 깊고 넓게 느끼게 만듭니다.

(5) 행복은 '결핍'을 통해 완성된다

행복은 완벽한 환경에서 피어나는 꽃이 아닙니다. 오히려 비바람을 견디고 난 뒤에 더 깊이 뿌리내리는 나무처럼, 인생의 고난을 거친 사람에게 더 진하게 다가옵니다.

경제적으로 힘든 시절을 겪은 사람은 돈의 가치를 압니다. 건강을 잃어본 사람은 하루의 건강이 얼마나 큰 축복인지 느낍니다. 사랑을 잃어본 사람은 다시 찾아온 인연을 더 소중하게 안습니다. 결핍이 있었기에, 우리는 채워짐의 기쁨을 알 수 있습니다.

(6) 나쁜 일을 대하는 태도

중요한 것은 나쁜 일을 피하려고만 하지 않는 것입니다. 나쁜 일을 겪지 않는 것이 행복이 아니라, 나쁜 일을 통해 배우고 성장하는 것이 진짜 행복에 더 가까운 길입니다.

힘든 일이 닥쳤을 때 우리는 두 가지를 선택할 수 있습니다. 하나는 원망과 불평 속에 시간을 보내는 것이고, 다른 하나는 그 안에서 의미를 찾고, 자신을 단련하는 기회로 삼는 것입니다.

전자의 길은 마음을 무겁게 하고, 후자의 길은 마음을 강하게 합니다. 그리고 강해진 마음은 좋은 일을 더 감사히 받아들이고, 나쁜 일도 더 지혜롭게 넘길 수 있습니다.

(7) 행복은 빛과 그림자의 합작품

행복은 좋은 일과 나쁜 일이 함께 만든 합작품입니다. 그림자가 있어야 빛이 선명해지고, 빛이 있어야 그림자의 모양이 보입니다. 인생도 마찬가지입니다. 좋은 일과 나쁜 일을 모두 걸어야만, 우리는 완전한 풍경 속에 서게 됩니다.

그러니 오늘 나쁜 일이 당신의 하루를 덮고 있더라도, 그것은 행복을 느끼기 위한 '예습'일 수 있습니다. 언젠가 이 시간이 당신의 웃음을 더 크게 만들어 줄 배경이 될 것입니다.

(8) 마무리하며

좋은 일만 바라는 삶은 깊이를 잃습니다. 나쁜 일만 두려워하는 삶은 빛을 놓칩니다.

행복은 빛과 그림자를 모두 경험한 사람에게만 주어지는 선물입니다. 그러니 오늘의 기쁨과 슬픔, 성공과 실패 모두를 껴안고 걸어가야 합니다. 그 길 끝에서, 우리는 진정한 행복을 만나게 될 것입니다.

혼자가 아니라, 둘이 사는 것이다

우리는 종종 "나는 나다"라는 말을 아무렇지 않게 합니다. 그러나 깊이 들여다보면, 그 '나'라는 존재는 결코 단일하지 않습니다. 내 마음속에는 두 사람이 함께 살고 있습니다. 하나는 진짜의 나, 본질 그대로의 나이고, 다른 하나는 내가 만든 이미지, 즉 '에고'입니다.

문제는 대부분의 사람들이 평생 이 두 사람을 구분하지 못한 채 살아간다는 것입니다. 그리고 진짜의 나는 점점 작아지고, 에고라는 이미지가 내 삶을 지배하게 됩니다.

(1) 진짜 나와 에고의 동거

진짜 나는 태어날 때부터 함께한 순수한 존재입니다. 욕심과 비교, 세상의 기준을 알기 전, 있는 그대로의 나.

에고는 성장 과정에서 만들어집니다. 누군가의 칭찬을 받기 위해, 비난을 피하기 위해, 사회의 기준에 맞추기 위해, 우리는 조금씩 가면을 쓰기 시작합니다. 이 가면은 처음엔 얇고 가벼웠지만, 시간이 지나면서 점점 두꺼워지고, 마치 내 얼굴인 것처럼 굳어집니다.

그래서 우리는 혼자가 아닙니다. 진짜 나와, 에고라는 또 다른 '나'가 한 몸에 함께 살고 있습니다. 문제는, 이 둘이 같은 방향을 바라보며 살아가는 경우는 드물다는 것입니다. 진짜 나는 자유로워지고 싶어 하지만, 에고는 인정과 통제를 원합니다. 진짜 나는 있는 그대로의 나를 사랑하려 하지만, 에고는 끊임없이 더 나아져야 한다고 재촉합니다.

(2) 에고가 주인 되는 순간

우리가 '성공'이라고 부르는 많은 것들이 사실은 에고의 요구를 채워주기 위한 것일 때가 많습니다. 좋은 직장, 비싼 옷, 화려한 이력… 이 모든 것이 잘못된 건 아닙니다.

문제는 그것들이 진짜 내가 원하는 것이 아니라, 세상에서 인정받기 위해 '필요하다고 믿게 된 것'일 때입니다. 에고는 아주 교묘합니다. 마치 진짜 나의 목소리인 것처럼 속삭입니다.

"이건 너를 위해서야."
"이걸 갖지 못하면 넌 부족한 사람이야."
"저 사람보다 뒤처지면 안 돼."

이렇게 우리는 에고의 말을 믿고, 더 많이, 더 높이, 더 빨리 달려갑니다. 그러나 이상하게도 목표를 이뤄도 마음은 공허합니다. 왜냐하면 그것은 진짜 내가 원하는 길이 아니었기 때문입니다.

(3) 진짜 나의 목소리를 찾는 법

진짜 나는 조용합니다. 화려한 말로 설득하지 않습니다. 대신 내 마음 깊은 곳에서 '평안함'으로 대답합니다. 그래서 진짜 나를 찾으려면 멈춰야 합니다. 잠시 세상의 속도를 내려놓고, 내 마음 속 작은 목소리에 귀 기울여야 합니다.
"무엇을 할 때 내가 가장 편안한가?"
"무엇을 할 때 시간 가는 줄 모르고 몰입하는가?"
"어떤 순간이 나를 가장 행복하게 만드는가?"
이 질문에 대한 답이 바로 진짜 나의 방향을 알려줍니다.

(4) 진짜 나로 산다는 것의 용기

진짜 나로 산다는 건 쉽지 않습니다. 왜냐하면 에고로 살아가는 것이 훨씬 '안전해 보이기' 때문입니다. 가면을 쓰면, 세상이 나를 함부로 판단하지 못하는 것처럼 느껴집니다. 하지만 그 가면은 결국 나를 옥죄는 족쇄가 됩니다.

진짜 나로 산다는 것은, 세상의 기준을 잠시 내려놓고 나 자신을 신뢰하는 일입니다. '다른 사람 눈에 어떻게 보일까'보다 '내 마음이 어떻게 느끼는가'를 우선하는 삶입니다. 이는 때로 오해와 비난을 부를 수 있지만, 그 과정 속에서 우리는 점점 단단해지고 자유로워집니다.

(5) 진짜 나를 위한 작은 실천

① 하루 10분의 침묵 : 아무것도 하지 않고 나와 대화하는 시간을 가집니다.
② 비교 멈추기 : 다른 사람의 삶은 참고만 하고, 나의 속도에 집중합니다.
③ 감정 기록하기 : 매일 기분과 그 이유를 기록하면, 진짜 내가 원하는 것이 보이기 시작합니다.
④ '왜?'라고 물어보기 : 내가 하고 있는 일, 원하는 목표가 진짜 나의 욕구인지, 에고의 욕구인지 구분합니다.

(6) 에고와의 평화로운 이별

에고를 완전히 없앨 수는 없습니다. 오히려 에고는 우리의 생존 본능을 돕기도 합니다. 중요한 건 에고가 '주인'이 아니라 '손님'

이 되도록 하는 것입니다. 에고의 말에 휘둘리지 않고, 진짜 나의 목소리를 우선하는 것. 그렇게 하면 둘은 충돌이 아니라 조화를 이루며 살아갈 수 있습니다.

우리는 혼자가 아닙니다. 내 안에는 두 사람이 삽니다. 그리고 진짜 나를 주인으로 모실 때, 비로소 마음이 편안해지고 삶이 가벼워집니다. 진짜 나로 사는 삶은 완벽하지 않아도 괜찮습니다. 대신 그 삶은 온전히 나의 것이며, 그 안에서 우리는 비로소 자유로워집니다.

"목표 없는 삶은 바람 없는 배와 같다."

사람이 살아가며 가장 위험한 순간은 실패를 경험할 때가 아니라, 어디로 가야 할지 모를 때입니다. 꿈과 목표가 없는 삶은 바람이 없는 바다 위에 떠 있는 배와 같습니다. 표류하듯 이리저리 움직이지만, 결국 제자리거나 혹은 엉뚱한 곳에 도착하게 됩니다.

목표가 없으면 우리는 '즉각적인 흥미'에만 반응하게 됩니다. 잠시 눈앞에 보이는 기회, 누군가의 권유, 유행처럼 번지는 트렌드… 이런 것들을 쫓다가 보면 어느새 시간이 훌쩍 지나있습니다. 그리고 돌아보면, 수많은 일을 시도했지만 뚜렷하게 남은 성과는 없습니다. 그 이유는 간단합니다. 모든 에너지를 한 방향으로 모으지 못했기 때문입니다.

집중은 단순히 다른 것을 하지 않는 상태가 아닙니다. 집중이란 **한 가지를 위해 나머지를 포기하는 용기**입니다. 사람은 하루 24

시간, 한정된 체력과 에너지를 가지고 있습니다. 그 힘을 분산시키면, 아무리 노력해도 깊이 있는 성취를 만들 수 없습니다. 반면, 한 목표에 모든 자원을 몰아넣으면, 작은 노력도 큰 결과로 이어집니다.

많은 사람들이 "아직 내 꿈이 뭔지 모르겠어요"라고 말합니다. 그러나 그 말 속에는 사실 '결정하기 두려움'이 숨어있습니다. 하나를 선택하면 다른 가능성을 버려야 한다는 압박감, 혹은 실패했을 때의 두려움이 발목을 잡는 것이죠. 하지만 역설적으로, **선택하지 않는 것이야말로 가장 큰 실패**입니다.

목표를 세우면 삶의 기준이 생깁니다. 무엇을 할지, 누구를 만날지, 어떤 정보를 받아들일지 명확해집니다. 그리고 그 기준이 쓸데없는 유혹과 불필요한 소모를 걸러냅니다. 마치 물이 높은 곳에서 낮은 곳으로 흐르듯, 목표가 있으면 모든 행동과 생각이 자연스럽게 그 방향으로 향합니다.

성공한 사람들을 보면, 그들이 한 번에 여러 가지를 잘해서 성공한 것이 아닙니다. 대부분은 한 가지에 집요하게 몰두했습니다. 그 한 가지가 단단해지면, 나머지는 뒤따라옵니다. 작은 성공이 또 다른 기회를 만들고, 그 기회가 더 큰 꿈을 이루게 합니다.

삶은 길어 보이지만, 실제로 우리가 진심으로 몰입할 수 있는 시간은 그리 많지 않습니다. 지금 이 순간, '무엇을 해야 할지' 명확히 하지 않는다면, 내일도, 내년에도 우리는 같은 자리를 맴돌 것입니다.

오늘, 종이에 단 한 줄을 써보세요.

"내가 앞으로 3년간 이루고 싶은 단 하나의 목표는 무엇인가?"

그리고 그 목표를 향해 매일 시간을 쓰고, 다른 모든 일들은 그 목표를 돕는 방향으로만 움직이십시오. 그 순간, 당신의 삶은 흐트러짐에서 벗어나, 곧은 선 위를 달리기 시작할 것입니다. 그리고 그 길 끝에서, 지금 상상하는 것보다 훨씬 더 큰 성취가 당신을 기다릴 것입니다.

할 말을 하고 살아라!
참으면 더 독한 말을 하게 된다

우리는 살아가면서 "참아야 한다"는 말을 너무 많이 들으며 자랍니다. 어린 시절 부모님, 선생님, 그리고 사회는 우리에게 참는 것이 예의이고, 인내가 곧 성숙이라고 가르쳤습니다. 화가 나도 참아야 하고, 억울해도 참아야 하며, 속상해도 그냥 삼켜야 한다고 말합니다.

물론 참음이 꼭 나쁜 건 아닙니다. 순간의 감정을 조절하는 능력은 분명 성숙함의 한 부분입니다. 하지만 모든 참음이 선이 되는 것은 아닙니다.

감정과 말은 다릅니다. 감정은 흘러야 건강하고, 말은 제때 나와야 관계를 지킬 수 있습니다. 우리가 속에 있는 말을 끝없이 억누르고 삼키면, 그 말은 사라지지 않고 마음속 깊은 곳에서 농축됩니다. 마치 작은 불씨가 바람을 기다리듯, 억눌린 말은 기회만 오면 더 큰 불길로 번집니다.

처음에는 "그건 조금 불편해요"라고 부드럽게 말할 수 있었던 일이, 오래 쌓이면 "당신은 항상 이래서 문제예요"라는 독한 말로 변해버립니다.

그때의 말은 감정의 독을 머금고 있어 날카롭습니다. 말이 향하는 대상뿐 아니라, 나 자신에게도 깊은 상처를 남깁니다. 관계는 금이 가고, 신뢰는 흔들립니다. 이후 아무리 사과를 해도, 그때 던진 말이 상대의 마음에 남긴 흉터는 쉽게 지워지지 않습니다.

그래서 **말은 참는 것이 능사가 아니라, '제때' 하는 것이 중요합니다.** 타이밍과 방식이 말의 가치를 결정합니다. 할 말이 있다면, 아직 상처가 덜 깊고, 감정이 폭발하기 전에 꺼내야 합니다.

목소리는 부드럽되 메시지는 명확하게, 비난이 아니라 사실과 느낌을 중심으로 전달하는 것이 좋습니다. "너는 잘못했어"가 아니라 "나는 이 상황이 불편했어"라고 말하는 식입니다.

많은 사람들이 참는 이유는 두려움입니다. 관계가 틀어질까 봐, 상대가 나를 싫어할까 봐, 혹은 갈등이 커질까 봐 말하지 않습니다. 하지만 역설적으로, 관계를 지키고 싶다면 오히려 말해야 합니다. 진짜 무너지는 관계는 '다툼이 많아서'가 아니라 '대화가 사라져서'입니다.

억누른 말은 시간이 지나면 독이 됩니다. 그 독은 결국 내가 사랑하는 사람에게, 그리고 나 자신에게 흘러갑니다. 내 마음속 건강을 지키기 위해서라도, 대화의 물길을 막지 말아야 합니다. 감정은 흐를 때 맑아지고, 말은 건넬 때 이해를 낳습니다.

말은 칼이 될 수도 있고, 다리가 될 수도 있습니다. 다리가 되려면 제때 건너야 합니다. 이미 물살이 거세진 뒤에 다리를 놓으려 하면, 다리는 부서지고 사람은 떠내려갑니다. 그러니 아직 물이 잔잔할 때, 감정이 폭풍이 되기 전에 건너가야 합니다.

혹시 지금 당신 마음속에도 하고 싶은 말이 있나요? 그 말이 사랑하는 가족을 향한 것이라면, 더 늦기 전에 하시길 바랍니다. 친구에게 전해야 할 미안함과 고마움이 있다면, 오늘 전하세요. 직장 동료에게 불편했던 점이 있다면, 차분히 이야기하세요. 내일로 미루는 순간, 그 말은 오늘보다 훨씬 무겁고 거칠어집니다.

살면서 '할 말'을 잘하는 건 단순한 기술이 아니라, 용기입니다. 그리고 그 용기는 사람과 사람 사이의 다리를 지키는 힘입니다. 말해야 할 때, 말할 수 있는 사람이 되는 것. 그것이 성숙이고, 진짜 평화를 지키는 길입니다. 참아서 후회하지 말고, 말해서 관계를 지키세요.

과정에 행복해라

우리는 흔히 목표를 향해 달려가며 '성공'이라는 순간을 기다립니다. 무언가를 이루었을 때, 원하는 것을 손에 넣었을 때 행복이 찾아올 거라고 믿습니다.

그러나 삶을 조금 더 깊이 들여다보면, 그 순간은 생각보다 짧고, 금세 지나가 버린다는 사실을 알게 됩니다. 상을 받는 무대에 서 있는 시간은 몇 분에 불과하고, 오래 기다린 여행도 돌아오는 날이 반드시 있습니다. 그렇다면 나머지 긴 시간은 어떻게 해야 할까요? 바로 '과정 속에서 행복'을 찾아야 합니다.

(1) 목적지만 바라보다가 잃는 것들

목표만을 향해 달릴 때 우리는 '지금'의 아름다움을 놓칩니다. 마라톤 선수들이 결승선을 향해 전력으로 질주하느라 주변 풍경을 볼 틈이 없는 것처럼, 목표만 바라보면 길가에 핀 꽃, 스치는 바람, 곁을 함께 달리는 사람들의 미소를 느낄 기회를 잃습니다.

많은 사람들이 "조금만 더 참자, 끝나면 행복해질 거야"라고 스스로를 다독입니다. 그러나 그 '끝'이라는 순간은 또 다른 시작이 되고, 새로운 목표가 나타나면 다시 행복을 뒤로 미루게 됩니다. 그렇게 평생 행복을 예약만 하다가 인생이 끝나버리는 경우가 많습니다.

(2) 과정이 주는 선물

과정 속에는 목표보다 더 깊은 가치가 숨어있습니다. 그 가치는 '성장'입니다.

예를 들어, 미용사가 새로운 기술을 배우는 과정에서 수없이 실패하고, 손이 느려지고, 고객의 반응이 기대만큼 나오지 않는 순간이 있습니다. 이때 느끼는 좌절과 고민은 결코 헛되지 않습니다. 그 시간 속에서 손끝의 감각이 정교해지고, 고객과의 대화 기술이 다듬어지며, 마음의 내구성이 강해집니다.

목표를 이루었을 때의 기쁨은 잠깐이지만, 과정에서 익힌 능력과 마음의 힘은 평생 나를 지켜주는 자산이 됩니다.

(3) 과정에서 행복해지는 법

과정 속에서 행복을 느끼려면 몇 가지 태도가 필요합니다.

① 작은 진전을 축하하라: 하루에 1%라도 나아졌다면 그것을 기뻐하세요. 머리카락 한 가닥을 자르는 각도가 어제보다 정확해졌다면, 그건 이미 성장입니다.

② 비교 대신 기록하라: 다른 사람과 비교하면 과정이 괴로워집니다. 대신 어제의 나와 오늘의 나를 비교하며 기록하세요. 그 기록이 쌓이면 과정이 얼마나 소중한지 보입니다.

③ 실패를 경험의 이름으로 바꿔라: 실패를 '끝'이 아니라 '다음 단계로 가기 위한 준비'라고 생각하세요. 과정에서의 실패는 나를 단단하게 만드는 훈련입니다.

④ 함께하는 사람을 소중히 하라: 과정 속의 동료, 가족, 고객은 단순한 주변 인물이 아니라 그 길을 함께 완성하는 동반자입니다. 그들과 나누는 대화, 웃음, 격려 속에서 행복이 피어납니다.

(4) 행복은 순간이 아니라 흐름이다

행복을 하나의 정지된 순간으로 생각하면, 우리는 그것을 얻기 위해 늘 기다려야 합니다. 하지만 행복을 '흐름'으로 본다면, 지금 이 순간도 그 흐름 속에 있습니다.

목표를 향해 가는 동안 배우고, 느끼고, 웃는 매 순간이 행복의 일부입니다. 어느 날 목표를 이루었다고 해서 행복이 갑자기 생기는 것이 아니라, 이미 과정 속에서 행복을 누리고 있었음을 깨닫게 됩니다.

(5) 과정이 곧 인생이다

우리가 인생이라 부르는 것은 사실 '목표를 향해 가는 과정'들의 연속입니다. 꿈을 이루는 순간은 몇 번 안 되지만, 그 꿈을 향해 가는 시간은 대부분입니다. 그렇기에 과정이 행복하지 않다면 인생 전체가 불행해질 수밖에 없습니다.

반대로, 과정 속에서 의미와 기쁨을 찾는다면 인생은 이미 성공한 것이나 다름없습니다. 목적지에 도착했을 때는 단지 그 행복의 또 다른 장면을 보는 것일 뿐입니다.

과정 속에서 행복을 찾는 사람은 기다릴 필요가 없습니다. 이미 오늘, 이미 이 길 위에서 행복을 누리고 있으니까요. 목표는 우리를 이끌어 주지만, 행복은 발걸음 하나하나 속에 숨겨져 있습니다. 오늘 그 발걸음을 소중히 여기고, 그 순간을 온전히 느끼는 것이야말로 가장 현명한 삶의 태도입니다.

목표를 향해 달려가는 지금 이 순간도 이미 매우 아름답습니다.

결승선에서 웃는 것도 좋지만, 달리는 동안의 숨소리와 땀방울 속에서도 웃음을 찾으시길 바랍니다. 그것이 "과정에 행복해라"라는 말의 진정한 의미입니다.

순서를 바꿔라

우리가 살아가면서 자주 부딪히는 질문이 있습니다.

"행복하니까 웃는 걸까, 아니면 웃으니까 행복해지는 걸까?"

언뜻 단순해 보이지만, 이 질문은 인생의 방향과 태도를 바꾸는 중요한 열쇠가 됩니다.

많은 사람들은 '원인 → 결과'의 방식으로 세상을 봅니다. 좋은 일이 생기면 웃고, 나쁜 일이 생기면 찌푸립니다. 성과가 나야 기쁘고, 실패하면 슬픕니다.

이 관점에서는 '행복'이 먼저이고 '웃음'은 그 결과입니다. 하지만 세상을 거꾸로 볼 수도 있습니다. 의도적으로 웃음을 지으면, 감정이 바뀌고, 결국 행복이 찾아온다는 것이죠. 이 두 가지 관점은 우리가 삶을 어떤 방식으로 살아갈지를 결정짓습니다.

(1) 행복이 먼저일 때의 삶

행복이 먼저라고 믿는 사람은 '조건'을 기다립니다. 좋은 소식,

성공, 만족스러운 관계, 풍족한 재정… 조건이 충족되어야 비로소 미소를 짓습니다.

문제는, 인생은 언제나 우리의 뜻대로 흘러가지 않는다는 겁니다. 원하는 만큼 돈을 벌지 못할 때, 인간관계가 틀어질 때, 건강이 좋지 않을 때… 이런 상황에선 웃을 이유가 줄어듭니다. 그러다 보면 웃음은 점점 사라지고, 행복도 멀어집니다.

행복이 '결과'일 때 우리는 외부 환경에 휘둘리며 살아갑니다. 그 환경이 변하지 않으면 기분도 변하지 않습니다. 마치 날씨가 맑아야만 외출하는 사람처럼, 삶이 주는 날씨가 흐리면 하루가 통째로 무거워집니다.

(2) 웃음이 먼저일 때의 변화

반대로 웃음이 먼저일 수 있다는 관점은, 주도권을 나에게 돌려줍니다. 하루를 시작하며 억지로라도 웃어보는 겁니다. 거울 앞에서, 혹은 사람을 만날 때 미소를 띠는 겁니다.

심리학과 뇌과학 연구에 따르면, 웃는 표정을 지으면 뇌는 '지금 기분이 좋은 상태'라고 인식합니다. 그 결과 도파민, 세로토닌 같은 행복 호르몬이 분비되어 실제로 기분이 좋아집니다. 즉, 웃음은 단순한 '결과'가 아니라 '원인'이 될 수 있다는 것이죠.

웃음을 먼저 선택하면 상황을 다르게 해석하게 됩니다. 교통이

막혀도, 날씨가 궂어도, 사람과의 대화가 잘 풀리지 않아도… '이것도 삶의 일부구나' 하고 받아들이게 됩니다. 웃음이 마음의 완충작용을 해주기 때문입니다.

(3) 닭과 달걀의 문제를 넘어서

"행복하니까 웃는 걸까, 웃으니까 행복해지는 걸까?"

이 질문은 닭이 먼저냐, 달걀이 먼저냐와 비슷해 보입니다. 하지만 중요한 건 '무엇이 먼저냐'가 아니라 '무엇을 내가 선택할 수 있느냐'입니다.

행복은 외부 조건에 달린 경우가 많지만, 웃음은 내 의지로 만들 수 있습니다. 웃음이 행복을 만드는 길이 더 현실적이고 실행 가능하다는 뜻입니다.

(4) 웃음을 먼저 선택한 사람들의 공통점

성공한 사람들 중에는 어려운 시기에도 미소를 잃지 않는 이들이 많습니다. 그들은 현실이 좋아서 웃은 게 아니라, 웃으며 현실을 좋아지게 만든 경우가 많습니다.

예를 들어, 한 사업가는 하루 매출이 형편없던 날에도 직원들에게 "오늘도 수고했어요, 내일은 더 재미있는 하루가 될 겁니다"라며 웃었습니다. 그 태도가 팀 분위기를 지켜주었고, 결국 사업이 회복되었습니다.

웃음은 전염됩니다. 내가 웃으면 옆 사람도 웃고, 분위기가 바뀝니다. 분위기가 바뀌면 협력과 아이디어가 생기고, 상황이 좋아집니다. 웃음이 원인이자 결과가 되는 선순환이 만들어집니다.

(5) 웃음을 습관으로 만드는 법

웃음을 먼저 선택하는 것은 '마음가짐'이 아니라 '습관'입니다. 아침에 거울을 보며 10초 웃기, 인사할 때 미소 짓기, 힘든 순간일수록 의도적으로 웃는 표정을 유지하기… 이런 작고 구체적인 행동이 쌓여서 '웃음 체질'을 만듭니다.

처음엔 어색하고 가짜처럼 느껴질 수 있습니다. 하지만 뇌는 '진짜'와 '연기'를 구분하지 않습니다. 표정이 먼저 만들어지면, 감정도 그에 맞춰집니다.

(6) 행복의 주도권을 되찾는 길

우리는 모두 행복을 원합니다. 하지만 그 행복을 기다리기보다 만들어 내는 편이 훨씬 안전합니다. 웃음은 그 첫걸음입니다.

행복을 '받는' 사람이 아니라, 행복을 '만드는' 사람이 되면 외부 환경이 나를 좌우하지 못합니다. 그리고 그 시작은 아주 단순합니다. 오늘, 지금, 웃는 것.

    결국, **"행복하니까 웃는 건가, 웃으니까 행복한 건가"**라는 질문의 답은 이렇습니다. 행복이 웃음을 만들 때도 있고, 웃음이 행복을 만들 때도 있습니다. 하지만 내가 선택할 수 있는 건 '먼저 웃는 것'입니다.

    오늘 하루, 특별한 이유가 없어도 웃어보세요. 그 웃음이 당신의 하루를 바꾸고, 당신의 삶 전체를 바꿀지도 모릅니다.

하루를 바꾸는 웃음 습관 5가지

웃음은 단순히 기분이 좋을 때 저절로 나오는 표정이 아닙니다. 웃음은 삶을 바라보는 태도이자, 스스로 행복을 선택하는 강력한 도구입니다. 많은 심리학 연구에서도 웃음이 뇌와 몸에 긍정적인 변화를 가져온다고 말합니다. 웃는 표정은 스트레스 호르몬인 코르티솔 수치를 낮추고, 행복 호르몬인 세로토닌과 엔도르핀의 분비를 촉진합니다. 심지어 가짜 웃음조차도 우리 몸은 '행복하다'고 인식하게 만듭니다.

그렇기에 웃음은 기분이 좋을 때만 사용하는 것이 아니라, 기분을 좋게 만드는 '행동'으로써 훈련할 수 있습니다. 하루에 작은 웃음을 의도적으로 심는 습관은 하루를 바꾸고, 나아가 인생을 바꿀 수 있습니다. 지금부터 소개할 '하루를 바꾸는 5가지 웃음 습관'은 누구나 당장 시작할 수 있고, 시간이 지날수록 그 효과가 눈에 띄게 나타납니다.

(1) 아침에 거울 보고 웃기
– 하루의 시작을 밝히는 시그널

아침에 눈을 뜨면, 사람들은 대체로 스마트폰 알림부터 확인합니다. 하지만 그보다 먼저 해야 할 일이 있습니다. 바로 세수를 마치고 거울 앞에 서서 스스로를 바라보며 웃는 것입니다.

처음에는 어색하고 부자연스러울 수 있습니다. 하지만 뇌는 웃음이 진짜인지, 가짜인지 구분하지 못합니다. 입꼬리를 올리고 눈을 살짝 찡그리는 웃음 근육의 움직임만으로도 뇌는 '행복 호르몬'을 분비합니다.

이 습관은 하루의 첫 감정을 '밝음'으로 설정하는 효과가 있습니다. 아침의 표정이 하루의 기분을 결정한다는 사실을 기억하세요. 하루의 첫 신호를 '미소'로 보내는 순간, 오늘 하루는 이미 절반은 성공한 것입니다.

(2) 하루 한 번은 크게 웃는 시간 갖기
– 스트레스 배출의 비밀

우리의 하루는 크고 작은 긴장과 압박으로 가득합니다. 이를 방치하면 몸과 마음에 피로가 쌓입니다. 하지만 큰 웃음은 이런 스트레스를 강력하게 해소합니다.

배꼽 잡고 웃는 순간, 폐 속 깊은 곳까지 신선한 산소가 들어오고, 긴장된 근육이 풀리며, 혈액 순환이 활발해집니다. 심리적으로도 큰 웃음은 마음의 벽을 허물고, 부정적인 생각을 밀어내는 힘이 있습니다.

의도적으로 하루 한 번은 크게 웃는 시간을 만들어 보세요. 유머 영상을 보거나, 재미있는 사람과 대화하거나, 과거의 웃긴 기억을 떠올려도 좋습니다. 중요한 건 '의식적으로' 큰 웃음을 유도하는 것입니다. 이것이야말로 하루의 피로를 가장 부드럽게 씻어내는 방법입니다.

(3) 사람을 만날 때 먼저 웃기
- 관계를 여는 황금 열쇠

웃음은 관계를 여는 최고의 언어입니다. 처음 만나는 사람 앞에서 먼저 웃으면, 그 미소는 경계심을 풀고 신뢰를 형성하는 가장 빠른 방법이 됩니다.

직장에서든, 친구 사이든, 가족 관계든 먼저 웃어주는 사람은 대화의 분위기를 주도합니다. 미소는 "나는 당신에게 우호적입니다"라는 메시지를 담고 있어, 상대방도 자연스럽게 마음을 엽니다.

특히 영업, 서비스, 협상과 같이 사람과 직접적으로 연결되는 분야에서는 먼저 웃는 습관이 장기적으로 큰 차이를 만듭니다. 웃음은 언어보다 빠르게 전달되는 신뢰의 신호입니다.

(4) 힘들 때 웃는 연습
– 감정의 주도권을 되찾는 법

행복할 때 웃는 건 누구나 할 수 있습니다. 하지만 진짜 힘은 힘들 때 웃을 수 있는 사람에게서 나옵니다. 물론 상황이 힘들다고 해서 현실을 부정하거나 무시하라는 뜻은 아닙니다. 대신 부정적인 감정에 끌려가지 않겠다는 '선언'으로서 웃음을 사용하는 것입니다.

억지로라도 미소를 지으면, 우리의 뇌는 부정적인 감정에서 긍정적인 감정으로 전환할 준비를 합니다. 이런 감정 전환 능력은 위기 상황에서도 냉정함을 유지하게 해주고, 문제 해결력을 높입니다. 결국 웃음은 '상황에 끌려가는 인생'에서 '상황을 주도하는 인생'으로 바꾸는 열쇠입니다.

(5) 잠들기 전 오늘 재미있었던 일 떠올리기
– 행복을 저장하는 습관

하루를 마무리하는 순간, 오늘 있었던 가장 즐거운 장면을 떠올리며 미소 지어보세요. 누군가의 친절한 말, 우연히 들은 재미있는 농담, 자신이 잘해낸 일 등 작은 것이라도 좋습니다.

이렇게 하루를 마무리하면 뇌는 '오늘은 좋은 날이었다'고 기억하게 됩니다. 그리고 그 기억이 반복되면, 우리는 점점 긍정적인 삶의 패턴을 형성하게 됩니다.

마지막 웃음은 내일을 위한 최고의 선물입니다. 잠들기 전의 표정이 다음 날 아침의 기분을 결정한다는 사실을 기억하세요.

(6) 결론 – 웃음은 선택이자 훈련이다

웃음은 단순한 감정 표현이 아니라, 삶을 바라보는 태도입니다. 하루 다섯 번의 의도적인 웃음 습관을 들이면, 작은 변화가 쌓여 큰 행복으로 이어집니다.

기분이 좋아야 웃는 게 아니라, 웃어야 기분이 좋아집니다. 오늘부터 웃음을 '기다리는 것'이 아니라 '만드는 것'으로 바꾸면, 하루는 더 가벼워지고 인생은 더 빛나게 됩니다.

결국 웃는 사람이 하루를 바꾸고, 그 하루가 모여 인생을 바꿉니다. 오늘도 웃으면서 시작하세요. 그것이 당신의 인생을 바꾸는 첫걸음입니다.

너와 나는 다르다

우리는 모두 같은 하늘 아래 살지만, 결코 같은 길을 걷고 있지 않습니다. 같은 하루 24시간을 살지만, 생각하는 방식이 다르고, 느끼는 감정이 다르고, 중요하게 여기는 가치가 다릅니다. 그래서 "너와 나는 다르다"는 말은 단순한 사실을 넘어, 인간관계에서 반드시 기억해야 할 진리입니다.

문제는 많은 사람들이 '다름'을 인정하지 못한다는 데 있습니다. 누군가 내 생각과 다른 이야기를 하면, 그 사람을 틀렸다고 판단합니다. 내 방식이 옳고, 상대의 방식은 잘못됐다고 단정합니다. 이렇게 서로를 재단하는 순간, 관계는 삐걱거리기 시작합니다. 다름을 틀림으로 착각하는 순간, 우리는 벽을 쌓게 됩니다.

(1) 다름은 불편하지만, 성장의 기회다

사람들은 비슷한 사람과 있을 때 편안함을 느낍니다. 나와 가치관이 비슷하고, 말이 잘 통하는 사람을 만나면 마음이 열립니다.

반대로, 나와 생각이 다른 사람을 만나면 긴장하거나 불편해집니다. 그래서 무의식적으로 '나와 닮은 사람'을 찾고, '다른 사람'은 멀리하게 됩니다.

하지만 역설적으로, 우리의 성장은 '다름'에서 시작됩니다. 나와 다른 생각을 가진 사람을 만나야 새로운 시각을 배우고, 나와 다른 경험을 한 사람과 이야기해야 세상이 넓어진다는 사실을 우리는 종종 잊습니다. 편안함은 안전하지만, 안전함 속에서는 큰 변화가 일어나지 않습니다. 불편함이 곧 성장의 신호일 수 있습니다.

(2) 다름을 인정하는 것은 관계의 시작이다

"저 사람은 왜 저렇게 행동할까?"

이 질문 뒤에는 보통 '내 기준'이 숨어있습니다. 우리는 자기 경험, 자기 가치관, 자기 배경을 기준으로 세상을 바라봅니다. 하지만 상대방도 자기만의 기준과 이유를 가지고 살아갑니다. 그 다름을 인정하는 순간, 관계는 부드러워집니다.

인정한다는 것은 '동의한다'는 뜻이 아닙니다. '그럴 수도 있겠구나' 하고 받아들이는 것입니다. 이렇게 받아들이면, 상대를 바꾸려는 시도 대신, 이해하려는 대화가 시작됩니다.

(3) 다름 속에서 배우는 지혜

다른 사람을 만날 때 우리는 세 가지 선택을 할 수 있습니다.
"내 생각만 옳다고 고집하며 상대를 설득하려 한다."
"다름이 불편하니 관계를 끊는다."
"다름을 인정하고, 그 안에서 배울 점을 찾는다."
세 번째 선택이 가장 어렵지만, 가장 가치 있는 길입니다. 나와 전혀 다른 관점을 가진 사람과의 대화 속에서 우리는 자기 틀을 깨게 됩니다. 예를 들어, 내가 중요하게 생각하지 않던 가치를 누군가는 생명처럼 여기고 있을 수 있습니다. 그것을 이해하게 되면, 나의 가치관은 더 깊어집니다.

(4) 다름은 경쟁이 아니라 조화를 만든다

세상은 퍼즐판과 같습니다. 모든 조각이 똑같으면 퍼즐은 완성되지 않습니다. 각기 다른 모양과 색깔이 맞춰져야 아름다운 그림이 완성됩니다. 사람도 마찬가지입니다. 나와 다른 능력을 가진 사람, 다른 배경을 가진 사람이 모여야 팀이 강해집니다.

회사, 가정, 사회도 마찬가지입니다. 비슷한 생각만 하는 사람끼리 모이면 창의성이 사라집니다. 반대로, 다양한 생각과 시각이 모이면 때로는 갈등이 있지만, 결국 더 나은 해답이 나옵니다.

(5) 다름을 받아들이는 용기

다름을 인정하는 것은 쉽지 않습니다. 나와 다른 사람을 보면 본능적으로 방어기제가 작동합니다. '저 사람은 틀렸어'라는 마음이 들 수 있습니다. 하지만 그 순간, 한 걸음 물러서서 이렇게 물어보세요.

"저 사람은 왜 그렇게 생각할까?"
"저 사람이 살아온 길은 어땠을까?"
"혹시 내가 놓치고 있는 건 없을까?"

이렇게 묻는 순간, 우리는 비난 대신 호기심을 갖게 됩니다. 호기심은 이해로, 이해는 존중으로 이어집니다.

(6) 너와 나는 다르기에 함께할 수 있다

만약 세상에 모두가 나와 똑같이 생각하고 똑같이 행동한다면 어떨까요? 처음엔 편할지 모르지만, 곧 지루하고 답답해질 것입니다. 다름이 있어야 대화가 있고, 배움이 있고, 관계가 살아납니다.

결국 '너와 나는 다르다'는 사실은 우리를 갈라놓는 벽이 아니라, 연결하는 다리입니다. 그 다리를 건너는 방법은 단 하나, 서로를 있는 그대로 인정하는 것입니다.

[4장]

일, 성장, 경제적 자유

돈 버는 데 100% 시간을 쓰면
똑같은 일을 해야 한다

"시간의 10%를 미래에 투자하라."

우리가 하루를 어떻게 쓰느냐는 단순한 습관 문제가 아닙니다. 그것은 곧 10년 후의 삶의 모양을 결정하는 설계도입니다.

많은 사람들이 하루의 모든 시간을 '당장 돈 버는 일'에만 씁니다. 아침에 출근해 일을 하고, 저녁에 퇴근할 때까지 계속해서 같은 패턴을 반복합니다.

그 과정에서 기술은 조금씩 향상될 수 있지만, **일의 구조 자체는 변하지 않기 때문에** 5년 후, 10년 후에도 똑같이 그 일을 해야 합니다. 이것은 '바퀴만 도는 러닝머신' 위의 삶과 같습니다. 아무리 열심히 달려도 제자리입니다.

(1) 성장을 위한 '투자 시간'의 필요성

진짜 변화는 **돈을 직접 버는 시간이 아닌, 돈 버는 능력을 키우는 시간**에서 시작됩니다. 저는 이 시간을 '성장 투자 시간'이라 부릅니다. 이는 고객을 직접 응대하거나, 당장의 매출을 만드는 시간이 아니라, **미래의 나를 업그레이드하는 시간**입니다.

예를 들어, 하루 10시간을 일한다면, 최소 1~2시간은 새로운 기술을 배우고, 더 효율적인 시스템을 만들고, 고객 경험을 개선하는 방법을 고민하고, 마케팅 전략을 연구하고, 나만의 브랜드 가치를 높이는 일에 써야 합니다.

이 1~2시간은 오늘 당장 돈이 되지 않을 수 있습니다. 하지만 이 시간이 쌓이면, 3년 후에는 **같은 일을 절반의 시간으로 더 많은 수익**을 올릴 수 있게 됩니다. 결국 **성장 투자 시간은 '내일의 자유'를 사는 시간**입니다.

(2) 100% 노동형 시간 배분의 함정

성장 투자 시간을 만들지 않으면, 다음과 같은 함정에 빠집니다.

① 일을 멈추면 수입도 멈춘다: 100% 시간을 노동에 쓰면, 내가 멈추는 순간 매출도 제로가 됩니다. 병이 나거나, 휴가를 가거나, 나이를 먹으면 그대로 수입이 줄어듭니다.

② 기술이 뒤처진다: 지금의 방식이 '최고'라고 생각하고 배우지 않으면, 시장이 변할 때 적응하지 못합니다. 과거에 잘 나가던 가게

가 하루아침에 문 닫는 이유가 여기 있습니다.

③ 변화에 대한 두려움이 커진다: 매일 바쁘게 일만 하면 새로운 시도를 할 용기와 여유가 사라집니다. 변화는 점점 더 낯설고 무서운 것이 됩니다.

(3) 성장 투자 시간을 만드는 방법

많은 사람들이 "시간이 없어서 못 한다"고 말합니다. 그러나 시간을 '만드는 것'이 바로 시작입니다.

① 하루 일과를 분리한다: 오전은 매출 창출, 오후 1~2시간은 성장 투자 시간으로 고정합니다. 약속처럼 지켜야 합니다.
② 루틴에 학습을 넣는다: 출퇴근길에 강의를 듣고, 점심시간에 업계 리포트를 읽고, 하루 30분은 기록합니다. 작은 습관이 큰 변화를 만듭니다.
③ 팀과 나눈다: 혼자서 모든 걸 하려 하지 말고, 일부 업무는 위임해 그 시간을 비워내야 합니다.
④ 측정하고 피드백한다: 투자한 시간이 어떻게 성과로 연결되는지 기록하면, 동기 부여가 유지됩니다.

(4) 성장 투자 시간의 장기 효과

성장 투자 시간의 가장 큰 힘은 **복리 효과**입니다. 은행 이자가 복리로 불어나는 것처럼, 배움과 시스템 개선도 시간이 지날수록 가속도가 붙습니다.

1년 차에는 '시간을 비우는 것'이 어렵습니다. 2년 차에는 '새로운 기술'이 쌓입니다. 3년 차에는 '효율이 오르고' 수익 구조가 바뀝니다. 5년 차에는 '일하지 않아도 돈이 들어오는 구조'가 만들어집니다.

(5) 오늘만 사는 사람과 내일을 준비하는 사람

둘 다 같은 시간에 일어납니다. 둘 다 같은 시간 동안 일합니다. 하지만 한 사람은 100%를 오늘의 생계에 쓰고, 다른 한 사람은 10~20%를 내일의 자유에 씁니다.

그 결과는 5년 뒤 극명하게 갈립니다. 오늘만 보는 사람은 여전히 하루 10시간을 일해야 먹고 살지만, 내일을 준비한 사람은 하루 6시간만 일해도 같은 혹은 더 많은 수익을 올립니다.

성장 투자 시간은 당장의 매출을 줄이는 것 같아 불안할 수 있습니다. 하지만 그 시간은 **미래의 나를 위한 가장 안전하고 확실한 투자**입니다.

"돈 버는 데 100% 시간을 쓰면, 평생 똑같은 일을 해야 한다."

이 말의 반대는 단순합니다.

"돈 버는 시간의 10~20%를 성장에 쓰면, 미래는 완전히 달라진다."

오늘부터 하루의 일부를 '성장 투자 시간'으로 바꾼다면, 5년 뒤의 삶은 지금과 전혀 다른 무대 위에 있을 것입니다.

회사를 위해 일한다고 생각하면 불만이 생긴다
: 일의 주인을 바꾸면 인생이 달라진다

"이 회사는 나를 몰라줘."

"내가 이렇게까지 할 이유는 없잖아."

"어차피 열심히 해봐야 사장만 돈 버는 거잖아."

이런 마음, 한 번쯤은 품어본 적 있지 않나요? 우리는 대부분 회사에 '고용된' 상태로 일을 시작합니다. 그 말은 곧, '남의 일'을 한다는 생각을 깔고 출발한다는 뜻입니다.

이 시점부터 문제가 시작됩니다. 열심히 해도 만족이 없고, 성과를 내도 억울함이 남습니다. 왜일까요? 그 일의 주인을 '회사'로 두고 있기 때문입니다.

(1) 내가 주인이 아닌 일에는 반드시 불만이 생긴다

사람은 본능적으로 자기 일에만 진심이 됩니다. 밥을 먹어도 내가 고른 메뉴에 더 맛있다고 느끼고, 청소를 해도 내가 아끼는 방을 더 열심히 치웁니다. 그런데 일이 회사의 것, 사장의 것, 혹은 시스템의 일부라고 느껴질 때 그 순간부터 우리는 '노동자'가 됩니다.

'이 일을 왜 내가 해야 하지?', '왜 이만큼밖에 안 주지?', '왜 날 인정해 주지 않지?' 이런 생각들이 줄줄이 따라오죠. 그리고 이 모든 질문의 공통된 감정은 '불만'입니다.

(2) 그 일을 '내 것'이라 생각하는 순간 모든 것이 바뀐다

같은 일을 하는데도 어떤 사람은 늘 밝고, 또 어떤 사람은 늘 지쳐있습니다. 차이는 '주인의식'입니다. 한 청소부가 있었습니다. 누군가가 물었습니다.

"당신은 무슨 일을 하시나요?"

한 사람은 "나는 남이 어질러 놓은 걸 치우는 사람입니다"라고 했고, 다른 한 사람은 "나는 이 공간을 가장 쾌적한 곳으로 만드는 사람입니다"라고 말했습니다.

같은 일을 하지만, 정체성과 사명감이 다르니 일에 대한 태도, 결과, 그리고 만족감까지 전혀 달랐습니다.

(3) 회사에 일하러 가지 말고, '나를 키우러' 가라

회사는 당신을 위한 무대입니다. 어떤 사람은 그 무대에서 임시

배역으로 서 있다가 사라지고, 어떤 사람은 그 무대에서 자신만의 빛을 만들어 냅니다. 핵심은 **그 일이 당신의 자산이 되느냐 아니냐**입니다. 월급은 잠시의 보상이지만, 경험은 평생을 이끄는 자산입니다.

사람과의 연결, 전문성의 성장, 시장에서의 신뢰, 이 모든 것은 '회사를 위해 일했다'는 사람에게는 남지 않습니다. 하지만 '회사를 통해 나를 키웠다'는 사람은 어디에 가든 자신만의 무기를 갖게 됩니다.

(4) 세상의 모든 일이 곧 당신의 이야기다

누군가가 말합니다.
"나는 지금 내가 하고 있는 일이 마음에 들지 않아."
그 말은 곧 "이 일은 내 것이 아니다"라는 선언입니다. 그렇다면 생각을 바꿔야 합니다. 어떤 일이든 나의 성장에 도움이 되는 지점은 반드시 존재합니다. 고객과 대화하는 능력, 시간을 관리하는 요령, 협업의 기술.

이 모든 것은 어떤 회사를 위해서가 아니라, **당신이 평생 써야 할 도구**들입니다. 회사를 위해 일한다고 생각하면 오늘 하루가 억울해지고, 나를 키우기 위한 시간이라 생각하면 그 하루가 인생의 '성장 일기'가 됩니다.

(5) 일터는 학교다. 나를 수업시키는 학교

우리는 초중고 12년을 다녔습니다. 그때는 아무도 '이 공부는 학교를 위한 거야'라고 생각하지 않았습니다. 모두 '이건 내 미래를 위한 공부야'라고 믿었습니다. 그런데 왜 직장에만 가면 마음이 바뀌는 걸까요?

오늘부터 시선을 바꿔보세요.

이 일은 회사를 위한 일이 아니라, **당신의 인생을 위한 훈련입니다.** 어느 날 회사를 떠나더라도 그동안 쌓은 노하우는 사라지지 않습니다. 그래서 회사는 소모되는 곳이 아니라, **자산을 축적하는 장소**입니다.

(6) 주인이 되어라. 마음의 주인이 될 때, 일이 달라진다

마지막으로 기억할 문장이 하나 있습니다.

"회사를 위해 일한다고 생각하면 불만이 생기고, 나를 위해 일한다고 생각하면 기회가 생긴다."

당신이 일하는 그 시간, 그 땀방울 하나하나가 결국은 당신을 키우는 밑거름이 됩니다. 그러니 오늘도 가슴 펴고, 당당하게 일하세요. 회사가 아니라 '당신의 인생'을 위해서 말입니다.

이런 직장은 피하라
: 당신의 미래를 가로막는 직장의 공통점 5가지

세상에는 두 부류의 직장이 있습니다. 하나는 당신을 키우고, 다른 하나는 당신을 소모합니다.

우리는 매일 출근하며 인생의 절반을 직장에서 보내고 있습니다. 그렇다면 그 직장이 당신을 성장시키는지, 아니면 당신을 점점 메마르게 만드는지 냉정하게 점검해 봐야 합니다. 다음 다섯 가지 기준에 해당하는 직장은, 지금이라도 다시 생각해 볼 필요가 있습니다.

(1) 시키는 일만 하는 직장

이런 직장은 생각하지 않아도 됩니다. 그저 주어진 일만 처리하면 되기 때문입니다. 하지만 생각하지 않는 일은 성장도 없습니다. 반복되는 업무 속에서 당신의 판단력은 녹슬고, 문제 해결력은 사라지며, 주도성은 점점 말라갑니다. **지시받는 데 익숙해지면, 스스로 방향을 정하는 힘을 잃게 됩니다.**

(2) 정해진 봉급을 평생 받는 직장

처음에는 안정적으로 느껴집니다. 하지만 시간이 갈수록 불안해집니다. 물가는 오르는데, 봉급은 그대로고 경력은 쌓이는데, 기회는 줄어들기 때문입니다. **당신의 시간과 능력이 정해진 금액으로만 평가받는 직장은 결국 한계를 드러냅니다.** 미래의 기회를 잡기 위해선, 성과에 따라 보상이 달라지는 환경을 찾아야 합니다.

(3) 질문이 사라진 직장

"왜 이 일을 해야 하는가?"
"이 방식이 최선일까?"
"더 나은 방법은 없을까?"

이런 질문이 금기시되거나, 무시당하는 직장이라면 그곳은 이미 고인 물입니다. 질문이 없으면 변화도 없습니다. 질문이 사라진 곳에서는 아이디어가 죽고, 열정도 사라집니다. **질문은 생명의 증거이고, 성장을 위한 시작입니다.**

(4) 사람이 아니라 '자원'으로 취급되는 직장

직원을 '인적 자원'이 아닌 '인간'으로 대하지 않는 조직은 사람을 도구처럼 씁니다. 성과가 없으면 버려지고, 아파도 눈치 보게 됩니다. 그런 직장에서는 인간적인 유대감도, 공동체 정신도 자라나지 않습니다. **진심 없는 직장은 당신을 병들게 하고, 결국 스스로를 의심하게 만듭니다.**

(5) 배우지 못하는 직장

오늘도 똑같은 업무. 지난달과 별반 다르지 않은 하루. 이런 직장은 편할 수 있지만, 그만큼 위험합니다. **배우지 않는다는 것은 멈춰있다는 뜻이고, 멈춰있다는 것은 도태되고 있다는 뜻입니다.** 새로운 기술, 지식, 사고방식을 익힐 수 없는 환경에 오래 머물수록, 세상은 당신을 지나쳐 버릴 것입니다.

(6) 마무리하며

직장이란 '생계의 터전'이기도 하지만, '삶을 빚는 공간'이기도 합니다. 어떤 직장에 있느냐에 따라 당신의 시간, 당신의 에너지, 그리고 당신의 인생 방향이 결정됩니다.

당장은 불편해 보여도 질문이 있고, 배울 수 있고, 성과에 따라 보상받으며, 사람을 진심으로 대하는 곳. 그런 직장을 향해 한 걸음씩 나아가야 합니다. **직장은 당신을 소비하는 곳이 아니라, 당신을 빛어주는 곳이어야 합니다.**

삶을 허비하지 마세요. 당신은 더 나은 곳에서, 더 나은 삶을 살 자격이 있습니다.

선택은 나를 움직이게 한다

"결정을 물으면 No, 선택을 물으면 Yes."

이 말은 얼핏 보면 단어 놀이 같지만, 사실 우리의 무의식과 행동 패턴을 꿰뚫는 말입니다. 우리는 '결정'이라는 말을 들을 때, 무게감부터 느낍니다. 무겁고, 부담스럽고, 왠지 실패하면 안 될 것 같아 주저하게 되죠. 그래서 결정하라고 하면 마음속에서 'No'가 먼저 나옵니다.

"조금 더 생각해 볼게요."

"아직 때가 아닌 것 같아요."

그렇게 우리는 머뭇거리고 시간을 흘려보냅니다. 하지만 '선택'이라는 단어는 다릅니다. 결정보다 가볍고, 유연하고, 내 자유의지로 고를 수 있는 느낌을 줍니다. 그래서 "당신의 선택은 무엇인가요?"라고 물으면 신기하게도 사람들은 'Yes'라고 대답합니다.

"한 번 해볼게요."

"그 방향이 더 좋아 보여요."

선택은 나를 움직이게 합니다.

(1) 결정은 무겁고, 선택은 시작이다

'결정'은 어떤 대단한 것 같지만, 실제로는 행동을 멈추게 만들기도 합니다. 반면 '선택'은 작고 사소해 보여도 나를 움직이는 출발점이 됩니다.

당신의 삶을 바꾸는 건 위대한 결정보다, 오늘 내리는 작은 선택입니다.

아침에 일찍 일어날 것인가, 더 잘 것인가. 식사를 대충 때울 것인가, 정성껏 챙길 것인가. 불평할 것인가, 감사할 것인가. 망설일 것인가, 도전할 것인가. 이건 거창한 '결정'이 아닙니다. 모두 순간의 선택입니다.

하지만 이 사소한 선택이 반복되면 결국 당신의 **습관이 되고**, 습관이 쌓이면 **운명이 됩니다.**

(2) '내가 선택했다'는 주인의식이 나를 성장시킨다

중요한 건 선택이 맞았는지가 아닙니다. 그 선택을 내가 했다는 '주인의식'이 중요합니다. 누가 시켜서 한 일이 아니라, 내가 선택한 길이라는 인식이 있어야 사람은 그 안에서 배우고 성장합니다. 실패해도 "그래, 내가 선택한 결과야"라고 말할 수 있을 때 비로소 그 경험은 나의 것이 됩니다.

그래서 무조건 좋은 선택을 하려 애쓰기보다 **선택한 것을 좋게 만드는 태도**가 더 중요합니다. 이런 사람은 어떤 선택을 해도 결국 좋은 결과를 만들어 냅니다.

(3) 인생은 결정이 아닌, 선택의 연속이다

우리 인생은 몇 번의 큰 결정보다는 수천 번의 작은 선택으로 이뤄집니다. 매 순간 우리는 선택하고 있고, 그 선택이 지금의 나를 만들었습니다. 그리고 지금 이 글을 읽고 있는 순간조차 '계속 읽을 것인가, 그만둘 것인가'를 선택하고 있는 것이죠.

삶을 가만히 들여다보면 '선택할 수 있음'은 축복입니다. 선택은 자유이고, 자유는 책임이며, 그 책임을 다한 사람이 결국 자신만의 길을 걷게 됩니다.

(4) 오늘 당신은 무엇을 선택할 것인가?

오늘도 '결정'이란 단어 앞에서 주저하고 계신가요? 그렇다면 이렇게 바꿔보세요.

'지금 이 순간, 나는 무엇을 선택할 것인가?'
'이 선택이 나를 앞으로 나아가게 할까?'
머리로만 생각하지 말고, 마음이 움직이는 방향을 따라보세요.

선택은 완벽하지 않아도 괜찮습니다. **선택이 당신을 완성시킬 테니까요.**

인생에서 치명적인 실수 7가지
: 깨달음 없이는 같은 실수를 반복한다

(1) 자신을 과소평가하는 것

많은 사람들은 남보다 못하다는 이유로, 경험이 부족하다는 이유로, 스스로의 가능성을 깎아내립니다. 하지만 인생은 **'확신 있는 무지'가 '의심 많은 재능'을 이깁니다.**

당신이 자신을 믿지 않으면 세상은 절대 당신을 믿어주지 않습니다. 자존감은 결과가 아니라 태도에서 시작됩니다. 스스로에게 "나는 충분히 해낼 수 있어"라고 말하는 용기가 인생의 첫 도약입니다.

(2) 남의 인생을 사는 것

부모의 기대, 타인의 시선, 사회의 기준에 맞추다 보면 문득 '내가 원하는 삶'이 사라져 버립니다.

가장 후회하는 순간은 실패한 순간이 아니라, **살고 싶은 삶을**

살지 못한 순간입니다.

  인생의 주인은 당신입니다. 사람은 누구나 '살고 싶은 방식'대로 살아야만 비로소 살아있다고 느낍니다.

(3) 타이밍을 놓치는 것

  "언젠가는…"이라는 말은 희망이 아니라 **회피**입니다. 지금 해야 할 일을 미루는 습관은 기회의 문이 닫힐 때까지 아무것도 하지 못하게 만듭니다.

  기회는 준비된 자가 아니라 **움직이는 자**에게 찾아옵니다. 완벽한 준비는 없습니다. 지금이 가장 빠른 시간입니다. 가장 큰 실수는 시도하지 않는 것입니다.

(4) 배움을 멈추는 것

  학교를 졸업했다고 공부가 끝난 게 아닙니다. 성장은 '나이'로 멈추는 것이 아니라, **'배움의 중단'으로 멈춥니다.**

  배우지 않는 사람은 점점 과거의 방식에 갇히고, 변화에 둔감해지며, 결국 '낡은 사람이' 되어버립니다.

  늘 새롭게 배우고, 새롭게 질문하고, 세상을 향해 열린 사람이 결국 시대를 앞서갑니다.

(5) 감정을 통제하지 못하는 것

분노, 질투, 불안, 자책… 감정의 노예가 되는 순간, 결정은 흔들리고 관계는 무너집니다. 성숙은 감정이 없는 상태가 아니라, **감정을 스스로 다룰 줄 아는 능력**입니다.

특히 성공한 사람들은 말할 때 감정을 싣지 않고, 행동할 때 감정을 절제합니다. 감정이 삶을 휘두르기 전에 그 감정을 바라보고 이름 붙이는 연습이 필요합니다.

(6) 돈을 대하는 태도를 가볍게 여기는 것

돈은 인생을 움직이는 에너지입니다. 하지만 그 돈을 무시하거나, 막연한 두려움으로 회피하면 기회는 오지 않습니다. 지혜로운 사람은 돈을 벌기보다 **돈을 다루는 능력**을 먼저 기릅니다.

돈은 도구입니다. 그 도구에 지배당할 것인가, 아니면 도구를 활용할 것인가는 태도의 차이에서 비롯됩니다.

(7) 자신의 시간을 남에게 맡기는 것

"시간 좀 줄래?"

"이 일 부탁해도 돼?"

"너밖에 생각나는 사람이 없어."

이런 말에 매번 흔들리는 당신이라면 당신의 인생은 이미 타인의 일정으로 채워지고 있습니다.

진짜 실수는 '거절하지 못한 나'입니다. 내 시간, 내 에너지, 내 인생은 **오롯이 내가 선택해야 할 몫**입니다. 남의 인생을 도와주다가 정작 내 인생이 무너지는 어리석음은 피해야 합니다.

(8) 마무리하며

인생은 정답을 요구하지 않습니다. 다만 **더 나은 선택**을 반복하도록 우리를 성장시킬 뿐입니다.

실수는 누구에게나 있습니다. 하지만 **반복되는 실수는 '성찰의 부족'이 만든 것**입니다. 지금 이 순간, 위의 일곱 가지 중 하나라도 나의 삶에 있다면 그것이 변화의 출발점이 될 수 있습니다.

인생을 바꾸는 건 대단한 사건이 아니라 **하루의 작은 깨어남**입니다. 오늘이, 그 깨어남의 날이 되길.

시간은 우리를 기다리지 않는다

(1) 세상에서 가장 공평한 것은 '시간'이다

부자에게도, 가난한 이에게도 하루는 24시간이고, 1분은 60초입니다.

하지만 그 시간을 어떻게 쓰느냐에 따라 인생의 모습은 전혀 달라집니다. 많은 사람이 말합니다.

"조금만 기다리면 기회가 올 거야."

"언젠가 내 상황이 좋아지면…."

그런데 현실에서 '언젠가'는 오지 않을 때가 많습니다. 시간은 기다려 주지 않기 때문입니다. 시간은 강물처럼 흐릅니다. 당신이 뛰어들어 헤엄치든, 그저 강가에 앉아있든 물은 흘러갑니다.

문제는 우리가 그 물줄기를 타고 앞으로 나아가느냐, 아니면 바라만 보다가 뒤처지느냐입니다.

(2) 남 탓하는 순간, 시간은 우리를 지나간다

사람은 힘들 때 남 탓을 하기가 쉽습니다. 상사 탓, 부모 탓, 경제 상황 탓, 운명 탓… 하지만 남 탓을 하는 순간, 우리는 '변화의 주도권'을 잃습니다.

남을 탓하면 잠시 마음이 편할 수 있습니다. '내 잘못이 아니야'라고 스스로를 위로하니까요. 그러나 동시에 우리는 '아무것도 할 필요 없는 사람'이 됩니다. 모든 원인을 밖에서 찾으니, 내가 바꿀 건 없다고 느끼기 때문입니다.

이렇게 남 탓하며 보내는 하루하루가 쌓이면, 1년이 금방 지나고, 10년이 지나도 아무것도 변하지 않은 채 같은 자리에 서 있는 자신을 발견하게 됩니다. 그때 비로소 '아… 시간은 나를 기다려 주지 않았구나'라고 깨닫습니다.

(3) 시간은 투자하지 않으면 사라지는 자산이다

돈은 잃어도 다시 벌 수 있습니다. 건강도 회복할 수 있는 경우가 많습니다. 하지만 시간은 한 번 지나가면 절대 되돌릴 수 없습니다.

그래서 시간은 '소비'가 아니라 '투자'의 개념으로 써야 합니다. 하루 1시간이라도 나를 성장시키는 데 쓰면, 그 시간은 미래에 배당금처럼 돌아옵니다. 하지만 하루 종일 남 탓하며 보낸 시간은 아무 이익 없이 증발해 버립니다.

(4) 남 탓을 멈추면, 내가 움직인다

남 탓을 멈추는 건 단순히 착하게 살자는 얘기가 아닙니다. 그건 내 인생의 핸들을 다시 잡는다는 선언입니다.

남 탓하는 마음을 내려놓는 순간, 머릿속 질문이 바뀝니다. '왜 이런 일이 나한테 일어났지?'에서 '지금 내가 할 수 있는 건 뭘까?'로 변합니다. 이 질문이 바뀌면 행동이 바뀌고, 행동이 바뀌면 결과가 바뀝니다. 결국 인생은 '내가 주도하는 게임'이 됩니다.

(5) 시간은 정직하다

시간은 사람을 속이지 않습니다. 당신이 오늘 1시간을 공부하면, 그 지식은 쌓입니다. 운동을 하면 몸은 조금씩 바뀝니다. 작은 습관을 매일 쌓으면, 1년 뒤 완전히 다른 사람이 됩니다.

문제는 많은 사람이 이 변화를 과소평가한다는 것입니다. 오늘 하루 게을러도 큰 차이가 안 나는 것 같지만, 그 하루가 쌓여 결국 인생의 방향을 바꿉니다.

(6) 결론 – 남 탓 대신 나를 쓰는 법

시간은 기다려 주지 않습니다. 그러니 오늘을 '남 탓'이 아니라 '내 행동'으로 채워야 합니다.

'남을 바꾸려 하지 말고, 내가 할 수 있는 일을 하자.'

'완벽히 준비된 뒤 시작하려 하지 말고, 지금 할 수 있는 만큼 시작하자.'

'결과보다 과정을 즐기며 매일 1cm씩 전진하자.'

이렇게 살면, 시간이 당신을 두려워하게 됩니다. 왜냐하면 당신은 시간을 소비하는 사람이 아니라, 시간을 '작품'으로 만드는 사람이 되기 때문입니다.

시간을 뺏는 사람을 걸러내라

우리가 가진 자원 중 가장 귀한 것은 '시간'입니다. 돈은 잃어도 다시 벌 수 있지만, 시간은 한 번 지나가면 절대 되돌릴 수 없습니다. 성공한 사람일수록 이 진리를 누구보다 깊이 이해하고, 자신의 시간을 철저히 관리합니다.

그러나 우리의 주변에는 의도적이든 무의식적이든 우리의 시간을 빼앗아 가는 사람들이 존재합니다. 이들을 걸러내지 않으면, 우리의 하루는 그들의 필요와 감정에 휘둘리며 소모됩니다.

다른 사람을 무조건 차갑게 대하라는 말이 아닙니다. 하지만 '시간'은 곧 '삶'이기에, 그것을 함부로 쓰게 만드는 관계는 분명히 선을 그을 필요가 있습니다. 시간을 뺏는 사람의 유형은 다양하지만, 대표적으로 다음 다섯 가지가 있습니다.

(1) 끝없는 불평·불만형

만날 때마다 세상에 대한 불만을 쏟아내는 사람이 있습니다. 회사, 가족, 정치, 날씨까지… 무슨 주제를 꺼내도 결론은 부정과 불평입니다. 문제를 해결하려는 의지는 없고, 감정 배설이 전부입니다. 이런 대화를 오래 듣다 보면 우리의 마음도 무거워지고, 하루의 에너지가 바닥납니다.

불평은 전염성이 강합니다. 옆에서 오래 듣다 보면, 나도 모르게 같은 시선으로 세상을 바라보게 되고, 긍정적인 행동이 줄어듭니다. 만약 이런 사람을 피할 수 없다면, 최소한 대화 시간을 줄이고 주제를 건설적인 방향으로 돌리려는 노력이 필요합니다. 하지만 가장 좋은 방법은 과감히 거리를 두는 것입니다.

(2) 목적 없는 잡담형

잡담은 때로 관계를 부드럽게 만들지만, '목적 없는 잡담'이 반복되면 심각한 시간 낭비가 됩니다. 계획 없이 약속을 잡고, 대화는 아무 방향 없이 흐르고, 끝나고 나면 남는 것이 하나도 없는 경우가 많습니다.

성공한 사람들은 대화를 통해 배움을 얻거나, 아이디어를 발전시키거나, 관계를 깊게 합니다. 반면 목적 없는 잡담형과 시간을 보내면, 돌아오는 길에 후회만 남습니다. 우리의 하루는 유한하기에, 이런 만남은 의식적으로 줄이는 것이 좋습니다.

(3) 무례한 부탁형

"시간 좀 빼줄 수 있어?"라며 아무 예고 없이 갑작스러운 부탁을 하는 사람, 혹은 본인의 일정과 편의만 고려하는 사람도 시간을 뺏는 대표적인 유형입니다. 처음에는 도와주다가도, 반복되면 상대방은 그것을 당연한 권리처럼 여기게 됩니다.

문제는 이런 부탁이 우리의 중요한 일정이나 계획을 깨뜨릴 수 있다는 점입니다. '거절'은 예의 없는 행동이 아니라, 나의 시간을 지키는 최소한의 자기방어입니다. 거절이 어렵다면 "그 시간에는 이미 약속이 있다", "그건 내가 감당할 수 없는 부분이다"처럼 단호하지만 부드러운 표현을 준비해 두는 것이 좋습니다.

(4) 소비만 하는 관계형

건강한 관계는 '주고받음'이 균형을 이루어야 합니다. 서로의 시간과 에너지를 나누고, 함께 성장하는 것이 관계의 본질입니다. 그런데 어떤 사람은 도움, 관심, 배려를 받기만 하고, 돌려줄 생각이 전혀 없습니다. 그들의 관심사는 '내가 무엇을 줄 수 있는가'가 아니라 '네가 나에게 무엇을 줄 수 있는가'입니다.

이런 관계는 처음에는 크게 느껴지지 않지만, 시간이 지날수록 한쪽이 일방적으로 소모됩니다. 그 결과, 마음의 피로감이 쌓이고 결국 관계 자체가 무너집니다. 나의 시간을 투자할 때, 그 관계가 서로에게 긍정적인 영향을 주는지 반드시 점검해야 합니다.

(5) 결정 미루기형

중요한 결정을 계속 미루며 주변 사람들의 시간을 함께 낭비시키는 유형입니다. 이런 사람과 함께 일하면 진행 속도가 느려지고, 기회가 눈앞에서 사라지기도 합니다. 회의를 여러 번 해도 결론이 나지 않고, 프로젝트는 제자리걸음을 반복합니다.

결정을 미루는 것은 단순한 성격 문제가 아니라, 주변 사람의 시간까지 갉아먹는 심각한 습관입니다. 이런 상황에서는 기한을 명확히 정하거나, 필요한 경우 '당신이 결정할 때까지 나는 다음 단계로 넘어가겠다'는 태도를 보여야 합니다.

(6) 시간을 지키는 것은 삶을 지키는 것이다

시간을 뺏는 사람을 걸러내는 것은 단순한 인간관계 관리가 아닙니다. 그것은 곧 나의 삶과 에너지를 지키는 일입니다. 주변을 정리하면, 남는 시간과 에너지를 진짜 중요한 사람과 일에 쓸 수 있습니다.

우리가 성공한 사람들의 일정을 보면, 공통점이 있습니다. 그들은 시간을 빼앗는 요소를 최소화하고, 의미 있는 일과 사람에게만 시간을 씁니다. 그래서 하루하루가 더 밀도 있고, 인생의 방향이 또렷해집니다.

　사람을 가려내는 일은 때로 미안하고 불편합니다. 그러나 그 불편함을 피하려고 시간을 내주는 순간, 우리는 더 큰 손해를 보게 됩니다. 내 삶의 주인이 나라는 것을 잊지 마세요. 내 시간을 지키는 것은 곧 내 인생을 지키는 일입니다.

먼저 부자가 되고 착해져라

세상에는 착하게 사는 것이 최고의 미덕이라 믿는 사람들이 많습니다. 물론 착함은 인간다움의 핵심입니다. 그러나 한 가지 중요한 사실을 놓치곤 합니다.

'착함'은 힘이 있어야 온전히 발휘될 수 있다는 것입니다. 돈이 없는 착함은 종종 자기희생으로만 끝납니다. 누군가를 도와주고 싶어도, 세상에 기여하고 싶어도, 가진 것이 없다면 할 수 있는 일이 제한됩니다.

반대로 경제적 여유가 있는 사람은 마음의 여유와 선택지가 넓습니다. 돈은 단순한 종이와 숫자가 아니라, 착함을 실행에 옮길 수 있는 도구이자 힘이 됩니다.

(1) 가난한 착함의 한계

착하게 살고 싶은 마음은 아름답지만, 현실에서는 가난한 착함이 종종 무력합니다.

예를 들어, 친구가 병원비가 없어 힘들어할 때, 위로의 말은 줄 수 있어도 수술비를 대신 내줄 수는 없습니다. 누군가 배가 고플 때, 따뜻한 말은 위안이 되지만 끓는 국 한 그릇을 사줄 능력이 없다면 그 착함은 공허하게 남습니다.

가난한 사람의 착함은 종종 자기희생과 연결됩니다. '나도 힘들지만, 조금이라도 나눠야 한다'는 마음이 숭고하긴 하지만, 장기적으로는 자신을 소진시키고 결국 도울 힘마저 잃게 만듭니다.

(2) 부자가 된 후의 착함은 다르다

부자가 된 사람의 착함은 '선택'이자 '실행'입니다. 그들은 단순히 마음이 따뜻한 것이 아니라, 그 마음을 현실에서 실현할 자원을 가지고 있습니다. 장학금을 만들어 형편이 어려운 학생을 돕습니다. 어려운 이웃을 위해 재단을 설립합니다. 사회 문제 해결을 위한 프로젝트를 후원합니다. 돈은 착함을 **지속 가능하게** 만듭니다. 내가 쓰고도 남는 만큼을 나누면, 나도 지치지 않고 상대도 실질적인 도움을 받을 수 있습니다.

(3) 먼저 부자가 되어야 하는 이유

많은 사람들이 "돈보다 사람이 먼저"라고 말합니다. 맞습니다.

하지만 돈이 없으면 사람을 도울 수 있는 방법이 크게 제한됩니다. 부자가 되는 과정에서 우리는 시장을 이해하고, 사람을 이해하고, 문제를 해결하는 능력을 키웁니다.

이런 능력이 착함과 결합할 때, 세상은 실질적으로 변하기 시작합니다. **돈 없는 착함은 마음을 위로하지만, 돈 있는 착함은 세상을 바꿉니다.**

(4) 착해야 한다는 강박에서 벗어나라

일부 사람들은 착해야 한다는 생각 때문에 사업 기회를 포기하거나, 자기 이익을 챙기는 것을 죄악시합니다. 하지만 세상은 그렇게 돌아가지 않습니다. 내 이익을 챙기는 것이 곧 나쁜 일은 아닙니다. 오히려 나를 먼저 살리고 나서야 남을 도울 수 있습니다. 비행기 안전 안내 방송에서도 말합니다.

"비상시 산소마스크는 먼저 본인이 착용하고, 그다음에 아이를 도와주세요."

내 숨이 끊기면 누구도 도울 수 없기 때문입니다.

(5) 결론 – 부와 착함의 순서

① 먼저 부자가 되어라: 재정적 자유를 확보하라.

② 그다음 착해져라: 여유와 힘으로 남을 도와라.

③ 착함을 전략적으로 사용하라: 단기적 동정이 아닌 장기적 변화를 만들어라.

착함은 마음에서 시작되지만, 세상에서 힘을 가지려면 부와 결합해야 합니다. 먼저 부자가 되고, 그 힘으로 세상을 따뜻하게 만드세요. 그때의 착함은 당신을 빛나게 하고, 세상을 움직이게 할 것입니다.

인생을 살면서 피해야 할 사람

우리가 살아가는 시간 중 상당 부분은 사람과의 관계 속에서 흘러갑니다. 아무리 혼자만의 시간을 사랑하는 사람이라도, 사회 속에서 사람을 만나고, 이야기를 나누며, 서로의 삶에 영향을 주고받습니다.

그런데 모든 만남이 우리의 삶을 빛나게 하는 것은 아닙니다. 어떤 관계는 우리를 지치게 하고, 방향을 흐리게 하며, 심지어는 인생의 발목을 붙잡습니다.

그래서 평생을 살면서 반드시 멀리해야 할 사람이 있습니다. 그들을 일찍 알아보고 거리를 두는 것, 그것이 자기 인생을 지키는 지혜입니다.

(1) 끊임없이 부정적인 사람

이들은 세상을 회색빛 안경으로 바라봅니다. 좋은 소식에도 "그거 오래 못 가"라며 찬물을 끼얹고, 새로운 시도에는 "그건 안 될 거야"라고 단정합니다.

그들의 말 속에는 희망이 없고, 그들의 표정에는 늘 피곤이 묻어있습니다. 문제는, 사람의 마음은 쉽게 물들기 때문에 오랫동안 함께 있으면 나도 모르게 부정적인 시선이 몸에 배게 됩니다.

부정은 아주 조용히, 그러나 깊게 전염됩니다. 따뜻한 마음과 밝은 시선을 유지하려면, 나를 자꾸만 어둠 속으로 끌어들이는 사람과는 거리를 두어야 합니다.

(2) 이용하려는 사람

관계의 출발점이 '함께 성장'이 아니라 '내 이익'인 사람입니다. 처음엔 무척 친절하고, 무엇이든 도와주는 것 같지만, 어느 순간부터 그 도움 뒤에 은근한 요구가 따라옵니다. "그때 내가 해줬잖아"라는 말로 빚을 지운 듯 행동하며, 결국 나를 자신의 이익을 위한 도구로 삼습니다.

이런 사람은 나의 시간, 마음, 심지어 명예까지도 자기 목적을 위해 사용합니다. 진짜 건강한 관계는 서로 주고받는 무게가 균형을 이루는 관계입니다. 주기만 하다가 고갈되는 관계라면, 그것은 사랑이 아니라 착취입니다.

(3) 변명만 하는 사람

누구나 실수를 합니다. 중요한 건 실수 이후의 태도입니다. 변명하는 사람은 절대 "내 잘못"이라는 말을 하지 않습니다. 항상 상황 탓, 환경 탓, 다른 사람 탓을 합니다. 함께 일을 하다 보면 문제가 생겼을 때 해결책을 찾는 대신, "내 잘못이 아니다"를 입증하는 데 온 힘을 씁니다.

이런 사람 곁에서는 책임감 있는 태도를 배우기 어렵습니다. 책임감 없는 사람과의 협업은 결국 나에게까지 불명예를 안겨줄 수 있습니다. 책임은 무겁지만, 그 무게를 함께 질 수 있는 사람과만 길을 가야 합니다.

(4) 비밀을 지키지 못하는 사람

이들은 타인의 이야기를 '흥밋거리'로 소비합니다. 나의 진심 어린 고민도, 사적인 이야기도, 그들의 입을 거치면 순식간에 여러 사람의 귀로 흘러들어 갑니다. 한 번이라도 비밀을 가볍게 여기는 모습을 보았다면, 그 이후로는 중요한 이야기를 건네지 않는 것이 좋습니다.

신뢰는 단단한 듯 보여도 깨지는 순간 산산이 부서집니다. 모래 위에 집을 지으면 작은 바람에도 무너지는 것처럼, 신뢰 없는 관계는 오래갈 수 없습니다. 진짜 친구는 내 약점을 지켜주는 사람입니다.

(5) 끊임없이 비교하고 시기하는 사람

당신이 잘되면 축하하는 대신 다른 사람과 비교하며 불편해하는 사람입니다. "그 사람은 더 잘하더라", "그 정도는 누구나 해"라는 말로 당신의 성취를 깎아내립니다. 이들은 타인의 성장을 자신의 위협으로 느끼고, 시기심을 숨기지 않습니다.

곁에 오래 두면 나도 모르게 '내가 잘하면 안 되나?'라는 이상한 죄책감을 느끼게 됩니다. 건강한 관계는 서로의 성장을 응원하고, 함께 기뻐하는 관계입니다. 함께 웃어줄 수 없는 사람이라면, 인생의 동반자가 될 수 없습니다.

(6) 사람을 피하는 것은 차가움이 아니라 지혜다

누군가는 이렇게 말합니다.
"모든 사람을 품어야 진정한 어른이다."
그러나 현실은 다릅니다. 모든 사람을 품으려다 보면, 결국 나 자신을 잃게 됩니다. 멀리해야 할 사람을 분별하는 것은 차가움이 아니라, 내 인생을 지키는 지혜입니다.

좋은 사람을 곁에 두는 것은 '투자'이고, 피해야 할 사람을 멀리 하는 것은 '보험'입니다. 투자와 보험이 함께 있을 때, 마음과 삶이 모두 건강해집니다.

우리가 어떤 사람과 함께 걷느냐가, 결국 우리가 어떤 사람이 되느냐를 결정합니다. 그러니 오늘도 스스로에게 물어야 합니다.

"나는 지금, 누구와 걷고 있는가?"

[5장]

인생 사명

인생을 살면서 지켜야 할 사명 10가지

(1) 진정성으로 살아가기

가식과 위선이 아니라, 내 말과 행동이 일치하는 삶을 사는 것.
진정성은 사람과 사람을 깊이 연결하는 가장 강력한 힘입니다.

(2) 성장을 멈추지 않기

나이, 환경, 상황과 관계없이 배우고 변화하는 것을 포기하지 않는 것.
'어제보다 나은 나'를 만드는 것이 곧 삶의 발전입니다.

(3) 사람을 귀하게 대하기

직위, 재산, 배경과 상관없이 모든 사람을 존중하는 태도.
사람에 대한 존중은 결국 내 인생의 품격을 결정합니다.

(4) 주어진 일을 최선을 다해 해내기

맡은 일을 대충 하지 않고, 내 이름을 걸고 책임지는 자세.
최선은 결과보다 과정을 더 빛나게 합니다.

(5) 감사하며 살기

부족함보다 가진 것에 눈을 두고, 작은 것에도 감사하는 마음.
감사는 행복을 끌어당기는 자석입니다.

(6) 타인을 돕는 삶

내가 가진 것을 나누고, 다른 사람의 어려움에 귀 기울이는 것.
진정한 부는 '얼마나 가졌는가'가 아니라 '얼마나 나누었는가'입니다.

(7) 가족과 사랑을 지키기

바쁜 삶 속에서도 가족을 잊지 않고, 사랑을 표현하는 것.
성공이 가족을 잃게 한다면, 그것은 진짜 성공이 아닙니다.

(8) 양심을 저버리지 않기

눈앞의 이익을 위해 양심을 팔지 않고, 옳은 길을 선택하는 것.
양심은 가장 값진 재산이자, 무너지면 다시 회복하기 어렵습니다.

(9) 시간을 헛되이 쓰지 않기

시간은 돈보다 귀하고, 한 번 잃으면 되돌릴 수 없습니다.
중요한 것에 시간을 쓰는 습관이 인생을 결정합니다.

(10) 끝까지 희망을 놓지 않기

어떤 시련이 와도 '다시 일어설 수 있다'는 믿음을 잃지 않는 것.
희망은 어둠 속에서도 길을 찾게 하는 불빛입니다.

인생을 살면서 10대에 꼭 해야 하는 일은

(1) 자기 이해 – 나를 아는 능력

가치: 자기 자신을 정확히 이해하는 것보다 강력한 경쟁력은 없습니다.
실천: 일기 쓰기, 성격 분석 테스트, 강점·약점 기록
 좋아하는 것과 싫어하는 것을 꾸준히 정리
 "나는 왜 이걸 좋아하지?"라는 질문을 자주 던지기
이유: 10대는 흉내 내기 쉬운 시기라, 남의 기준이 아닌 '나만의 기준'을 세워야 합니다.

(2) 배움에 대한 태도 – 지식보다 '배우는 법'

가치: 세상은 계속 변하므로 '공부법'이 평생 자산이 됩니다.
실천: 정답을 외우기보다 원리를 이해하는 습관
 실패한 공부법은 과감히 바꾸기

독서·유튜브·온라인 강의 등 다양한 학습 채널 활용

이유: 배움의 기술을 익히면, 어떤 분야든 빠르게 적응 가능.

(3) 시간 관리 – 하루 습관 설계

가치: 시간은 10대부터 가장 큰 자산입니다.
실천: 공부·운동·취미 시간을 균형 있게 배치
　　　 SNS·게임 등 시간 잡아먹는 습관 통제
　　　 아침 루틴·저녁 루틴 만들기
이유: 시간 습관이 몸에 배면, 20대 이후 생산성이 폭발적으로 증가.

(4) 몸 관리 – 체력과 건강

가치: 체력은 모든 성취의 기초입니다.
실천: 꾸준한 운동 습관(달리기·근력 운동)
　　　 가공식품 줄이고, 물·채소·단백질 위주 식사
　　　 올바른 자세·수면 시간 확보
이유: 10대에 만든 체력은 평생 버팀목이 됩니다.

(5) 인간관계 – 좋은 사람 고르는 법

가치: 인생은 '누구와 함께하느냐'로 결정됩니다.
실천: 긍정적이고 성실한 친구와 어울리기
   남의 단점보다 장점을 먼저 보는 습관
   의도적으로 다양한 사람과 대화 경험
이유: 10대 인맥은 오래가고, 관점과 가치관을 넓혀줍니다.

(6) 자기표현 – 말과 글의 힘

가치: 생각을 명확하게 표현하는 능력은 평생 무기입니다.
실천: 하루 5분 말하기·글쓰기 연습
   발표나 토론에 자원해 참여
   SNS에 생각 정리해서 올리기
이유: 아무리 좋은 아이디어도 전달 못 하면 없는 것과 같습니다.

(7) 실패 경험 – 안전하게 넘어져 보기

가치: 실패는 '성장 수업료'입니다.
실천: 도전적인 목표를 세워보고, 실패를 기록
   실패 원인을 분석하고 재도전

　　　　부모·교사와 실패 경험 공유

이유: 10대의 작은 실패는 인생의 면역력을 길러줍니다.

(8) 돈의 가치 이해 – 금융 감각

가치: 돈은 '수단'이지 '목적'이 아닙니다.

실천: 용돈·아르바이트 수입의 일부 저축

　　　　간단한 투자·경제 서적 읽기

　　　　'필요'와 '욕구' 구분하는 소비 습관

이유: 돈을 다루는 습관은 20대부터 자산 격차를 만듭니다.

(9) 디지털 리터러시 – 정보 다루는 힘

가치: 정보 홍수 속에서 옥석을 가릴 줄 알아야 합니다.

실천: 검색 능력·비판적 사고 훈련

　　　　생산적인 디지털 도구 사용법 익히기(에버노트, 캘린더 등)

　　　　가짜 뉴스·편향 정보 판별법 배우기

이유: 정보의 질이 곧 생각의 질이 됩니다.

(10) 봉사와 나눔 – 사회적 감각

가치: 자기중심적 시각을 깨고, 세상을 넓게 보는 기회
실천: 지역 봉사, 환경 캠페인 참여
　　　 어려운 친구 도와주기
　　　 나눔에 대한 경험 기록
이유: 남을 도울 때 얻는 성취감은 자존감을 키웁니다.

(11) 정리

　10대는 인생의 기초 체력, 지적 습관, 인간관계 기준, 경제 감각을 만드는 시기입니다. 지금 세운 가치관이 20대의 선택을 바꾸고, 30대의 성취를 결정합니다.

인생을 살면서 20대에 꼭 해야 하는 일은

20대에는 스스로를 깊이 아는 시간을 가져야 합니다. 내가 잘하는 것, 좋아하는 것, 싫어하는 것, 오래 할 수 있는 것을 탐구하세요. 다양한 경험 속에서 나의 가치관·성격·재능을 객관적으로 이해하는 것이 30대 이후 선택의 기준이 됩니다.

(1) 돈보다 '경험'에 투자하기

20대에 번 돈 전부를 저축만 하는 것보다, 새로운 환경과 경험에 쓰는 것이 더 큰 자산이 됩니다. 여행, 도전, 인턴, 봉사, 프로젝트 등은 돈으로 살 수 없는 '시야'를 넓혀줍니다.

(2) 실패를 두려워하지 않기

20대의 실패는 값싼 수업료입니다. 사업 실패, 이직, 연애 실패조차도 방향을 조정하게 해주는 데이터가 됩니다. 단, 같은 실수를 반복하지 않도록 기록과 복기 습관을 가지세요.

(3) 건강 습관 만들기

운동, 식습관, 수면 패턴은 한 번 굳어지면 평생 갑니다. 몸은 20대에 깎아 먹으면 30대 이후에 바로 청구서가 날아옵니다.

(4) 금융 기초 공부

단순 저축이 아닌 '돈이 일하게 하는 법'을 20대에 배워야 합니다. 주식, 펀드, 부동산, 사업 수익 모델 등 최소한의 금융 문해력은 필수입니다.

(5) 인간관계 정리와 확장

에너지를 빼앗는 사람보다 나를 성장시키는 사람과 가까이하세요. 다른 분야, 다른 세대와의 인맥은 예기치 못한 기회를 줍니다.

(6) 최소 1개의 전문 기술 확보

아무나 대체할 수 없는 전문 역량이 있어야 합니다. 코딩, 디자인, 영상, 마케팅, 외국어, 미용·예술·기술직 등 업종 무관하게 '나만의 무기'를 만드세요.

(7) 자기표현 능력 훈련

말하기, 글쓰기, 발표력은 평생 써먹는 경쟁력입니다. 온라인 채널 운영, 블로그, 강연, 유튜브 등 다양한 방식으로 나를 알리는 연습을 하세요.

(8) 멘토를 찾기

길을 먼저 걸어본 사람의 경험은 시행착오를 줄여줍니다. 직업·재테크·인생관 별로 1~2명의 멘토를 가지면 좋습니다.

(9) '큰 목표'를 세우고 작은 행동부터 시작하기

20대에 목표가 없으면 30대에 아무 방향 없이 흘러갑니다. 5년 후, 10년 후 내가 어떤 모습일지 그려보고, 오늘 당장 할 수 있는 1가지를 실행하세요.

(10) 정리

20대는 '속도가 아니라 방향'이 중요한 시기입니다. 빠르게 가는 것보다 올바른 길을 가는 것이 훨씬 큰 차이를 만듭니다. 이 시기에 스스로를 알아가고, 실험하고, 실패하고, 배우고, 관계를 쌓는 것이 평생 자산이 됩니다.

인생을 살면서 30대에 꼭 해야 하는 일은

30대는 청춘의 열정과 성숙한 판단력이 동시에 존재하는 황금기입니다. 20대에 다양한 시도와 시행착오를 겪었다면, 30대는 그 경험을 토대로 방향을 확립하고 기초를 튼튼히 다져야 할 시기입니다. 그러나 이 시기를 어떻게 보내느냐에 따라 40대 이후의 삶이 크게 달라집니다.

(1) 확실한 경제적 기반 만들기

30대는 '돈을 버는 방법'을 넘어 '돈을 지키고 불리는 방법'을 배워야 하는 시기입니다. 30대에 만드는 자산의 기초가 40대에 안정성을, 50대에 자유를 만듭니다.

① 수입 구조 다변화: 한 가지 직업에만 의존하지 말고, 부업·투자·지식 자산화 등 다양한 수입원을 확보하세요.
② 지출 관리 습관: 20대 때의 소비 습관이 30대에도 남아있다면,

지금이 교정할 마지막 골든타임입니다.

③ 투자 학습: 주식, 부동산, 사업 등 관심 있는 분야를 깊이 공부하고 적은 금액부터 투자 경험을 쌓으세요.

(2) 전문성과 브랜드 구축

이제는 '아무거나 잘하는 사람'이 아니라, '이 분야에서는 꼭 필요한 사람'이 되어야 합니다.

① 전문 분야 집중: 한 가지 분야에서 확실히 차별화된 능력을 가지세요.
② 개인 브랜드: SNS·콘텐츠·책·강연 등을 통해 자신의 이름과 전문성을 알리세요.
③ 네트워크 강화: 같은 목표와 가치관을 가진 사람들과 꾸준히 교류하며 영향력을 확장하세요.

(3) 건강을 위한 습관 고착화

30대의 건강 관리 습관은 평생을 좌우합니다.

① 운동은 선택이 아니라 필수: 주 3~4회 규칙적인 운동 루틴을 만

드세요.

② 정기 검진: 바쁘다는 이유로 건강 점검을 미루지 마세요.

③ 마음 건강: 스트레스 관리와 멘탈 회복 방법을 생활 속에 포함시키세요.

(4) 인간관계의 재정비

20대의 '많은 인맥'은 30대에 들어서면 '깊은 인맥'으로 바뀌어야 합니다.

① 소모적인 관계 정리: 에너지를 빼앗는 관계는 과감히 끊으세요.

② 성장형 관계 유지: 서로의 성장을 돕는 사람들과 꾸준히 교류하세요.

③ 세대별 네트워크 확장: 동년배뿐 아니라 선배·후배와의 관계도 적극적으로 관리하세요.

(5) 삶의 방향과 가치관 확립

30대는 인생의 '방향'을 다시 점검해야 하는 시기입니다.

① 목표 재설정: 20대 때 세운 꿈과 지금의 현실을 비교해, 필요하

다면 목표를 수정하세요.

② 가치관 정립: '무엇을 위해 사는가?'에 대한 답을 명확히 하세요.

③ 시간 사용 설계: 목표와 가치관에 맞춰 하루·한 달·1년의 시간을 설계하세요.

(6) 위험 감수와 도전

안정만을 추구하면 큰 성장은 없습니다. 30대에는 한 번쯤 계획된 모험을 하세요. 이직, 창업, 해외 진출, 새로운 분야 도전 등 인생을 넓히는 선택을 하세요. 실패를 두려워하지 마세요. 30대의 실패는 충분히 회복 가능합니다.

(7) 배움과 성장의 습관화

배움을 멈추면 40대부터 도태됩니다. 매년 한 가지 새로운 기술이나 지식을 배우세요. 독서와 강연, 멘토링을 통해 계속 성장하세요. AI·트렌드·신기술 등 변화에 빠르게 적응하는 습관을 가지세요.

(8) 정리

30대는 '인생을 설계하는 시기'이자 '기초를 다지는 시기'입니다. 이 시기에 경제, 건강, 관계, 전문성, 가치관을 제대로 세워두면 이후의 삶이 훨씬 안정적이고 자유로워집니다. 반대로 이 시기를 방황과 무계획으로 보내면, 40대 이후에 그 대가를 반드시 치르게 됩니다.

"30대의 선택이 60대의 삶을 결정한다."

지금이야말로, 미래의 자신에게 가장 큰 선물을 줄 수 있는 시기입니다.

인생을 살면서 40대에 꼭 해야 하는 일은

40대는 '인생의 전환점'이자 '다시 설계하는 시기'입니다. 20대에는 가능성을 키우고, 30대에는 경험을 쌓았다면, 40대는 그 모든 것을 정리하고 방향을 확정 짓는 시간입니다. 이 시기를 어떻게 보내느냐에 따라 50대 이후의 삶이 크게 달라집니다.

(1) 건강을 자산처럼 관리하기

40대는 체력과 회복력이 서서히 떨어지기 시작하는 시기입니다. 정기 건강검진을 습관화하고, 작은 이상도 무시하지 않아야 합니다. 운동은 선택이 아니라 의무입니다. 유산소·근력운동을 병행해 기초체력을 유지하세요. 음주와 흡연, 과식 같은 나쁜 습관을 버려야 합니다. 건강은 이후 모든 활동의 기반입니다.

(2) 재정 구조를 안정화하기

이 시기에 재정이 안정되지 않으면 50대 이후가 불안합니다. 소비 패턴을 점검하고 불필요한 지출을 줄이세요. 부채를 줄이고 자산을 늘리는 구조를 만들어야 합니다. 안정적인 현금 흐름을 확보할 수 있는 투자나 부업 구조를 마련하세요. 노후 대비 자금 계획을 '막연하게'가 아니라 숫자로 세워야 합니다.

(3) 전문성 확립과 커리어 점검

40대는 커리어에서 '정점'을 향해 가는 시기입니다. 지금 하는 일이 앞으로 10~20년 뒤에도 유효한지 점검하세요. AI·자동화 등 변화에 뒤처지지 않기 위해 계속 배우고 기술을 업데이트하세요. 직장에서든 자영업에서든 나만의 브랜드를 만들어야 합니다. '대체 불가능한 사람'이 되는 것이 목표입니다.

(4) 관계의 질 높이기

이 시기에는 인맥의 폭보다 관계의 깊이가 중요합니다. 나를 소모시키는 관계를 정리하고, 함께 성장할 사람과 시간을 보내세요. 가족과의 유대감을 강화하세요. 부모와의 시간, 배우자와의 대화,

자녀와의 추억은 50대 이후 큰 힘이 됩니다. 좋은 친구는 '오래' 만나야 가치가 있습니다.

(5) 마음의 건강 챙기기

40대에는 사회적 압박, 성취감과 한계감이 동시에 찾아옵니다. 명상, 독서, 취미 활동 등으로 마음을 단단히 하세요. 스스로를 과도하게 몰아붙이지 말고, 자신을 인정하는 연습이 필요합니다. 실패를 두려워하지 말고, 도전의 폭을 조금씩 넓혀야 합니다.

(6) 삶의 우선순위 재정립

20~30대에 목표 없이 달려왔다면, 40대에는 방향을 다시 잡아야 합니다. '나에게 진짜 중요한 것'을 목록으로 쓰고, 순위를 매겨보세요. 앞으로 10년간 이루고 싶은 목표를 세분화해 실행 계획을 만드세요. 일을 위해 사는 것이 아니라, 삶을 위해 일하는 균형을 찾아야 합니다.

(7) 두 번째 인생 준비하기

40대 후반부터는 '은퇴 후 인생 2막'의 기초를 만들어야 합니다. 새로운 분야의 공부나 창업 아이디어를 탐색하세요. 취미를 직업으로 확장할 가능성을 열어두세요. 지금부터 시작하면 50대에는 '선택할 수 있는 자유'를 가질 수 있습니다.

(8) 정리

40대는 '수확'보다 '정리와 재설계'의 시기입니다. 건강을 지키고, 재정을 안정화하며, 관계를 다듬고, 마음을 단단히 하는 것. 그리고 앞으로의 10~20년을 위한 설계를 지금 시작하는 것. 이 모든 것이 40대에 꼭 해야 할 일입니다.

인생을 살면서 50대에 꼭 해야 하는 일은

50대는 인생에서 '황혼의 시작'이 아니라, 앞으로 살아갈 30~40년을 준비하는 전환점입니다. 20~40대에 걸쳐 달려온 길에서 잠시 멈춰, 남은 생을 어떻게 살 것인지 설계하는 시기이죠. 이 시기를 잘 보내면, 60~70대는 '여유와 성취'의 시간이 되지만, 놓치면 '후회와 아쉬움'이 쌓입니다.

(1) 건강 관리 = 최고의 자산

50대 이후 건강은 '회복'이 아니라 '유지'가 핵심입니다. 매년 정기 건강검진, 꾸준한 운동, 적정 체중 관리, 충분한 수면이 필수입니다. 건강은 돈과 다르게 빌릴 수도, 대신할 수도 없습니다. 돈은 잃으면 벌 수 있지만, 건강을 잃으면 모든 걸 잃게 됩니다.

(2) 관계 재정리

이 시기에는 인간관계의 다이어트가 필요합니다. 마음을 소모시키는 관계는 정리하고, 서로 성장과 행복을 주는 관계를 남겨야 합니다. 가족과의 정서적 연결을 강화하고, 함께 웃을 수 있는 친구를 지켜야 합니다. 숫자보다 깊이 있는 관계가 삶의 질을 결정합니다.

(3) 재정 점검과 은퇴 준비

지금의 생활비와 은퇴 후 예상 생활비를 계산해 보세요. 수입의 다각화와 고정비 절감, 부채 관리가 필수입니다. '노후 자금'을 만드는 것과 함께, '노후에도 일할 수 있는 능력'을 준비해야 합니다. 돈은 오래 일하게 만들고, 능력은 오래 쓰이게 합니다.

(4) 배움과 도전

50대는 새로운 배움을 시작해도 늦지 않습니다. IT, 외국어, 투자, 취미 등 새로운 분야를 접하면 뇌가 젊어집니다. 단, '성과 압박'이 아니라 '호기심'으로 배우는 것이 중요합니다. 도전은 삶에 활력을 주고, 미래를 준비하게 합니다.

(5) 인생 2막 설계

50대는 '은퇴'가 아니라 '전환'입니다. 앞으로 하고 싶은 일, 남기고 싶은 가치, 쓰고 싶은 시간의 방향을 구체적으로 그려야 합니다. 나를 필요로 하는 사람과 사회 속에서 존재감을 이어가야 합니다. 일은 생계를 위해서가 아니라 존재감을 위해서도 합니다.

(6) 마음의 정리와 내려놓기

20~40대의 성취나 실패에 집착하지 말고, 앞으로의 삶에 집중하세요. 비교, 미련, 자책 같은 마음의 짐을 덜어내면 표정과 태도가 달라집니다. 인생의 '속도'보다 '방향'이 중요한 시기입니다.

(7) 정리

50대는 '마무리'가 아니라 '새로운 시작'입니다. 건강을 지키고, 관계를 다듬고, 재정을 점검하며, 배움과 도전을 이어간다면 60~70대는 '가장 나다운 삶'을 살 수 있는 황금기가 됩니다.

인생을 살면서 60대에 꼭 해야 하는 일은

60대는 한마디로 '정리와 재설계의 시기'입니다. 젊은 시절에는 앞만 보고 달려왔다면, 이제는 걸음을 조금 늦추고 내가 이룬 것과 앞으로 남은 시간을 어떻게 쓸지 주도적으로 결정해야 하는 때입니다.

(1) 건강 자산 확보

60대 이후 삶의 질은 '돈'보다 '건강'이 결정합니다.

① 정기 건강검진: 대장 내시경, 심혈관 검사, 치과, 안과 등 전신 점검은 필수입니다.
② 근력 운동: 60대부터 근육량이 빠르게 줄기 때문에 걷기·근력 운동을 병행해야 합니다.
③ 식습관 관리: 짜고 기름진 음식보다 채소·단백질 위주로 식단을 조정합니다.

④ 건강 습관: 충분한 수면, 물 섭취, 스트레스 관리가 장기 건강을 지켜줍니다.

⑤ 포인트: 건강은 '나중에'가 아닌 '지금' 준비하는 재산입니다.

(2) 경제적 안정 점검

① 소득 구조 재설계: 은퇴 후에도 일정한 현금 흐름이 유지되도록 연금·투자·임대소득 등을 점검합니다.

② 지출 구조 축소: 불필요한 고정비, 과소비, 불필요한 보험을 정리합니다.

③ 상속·증여 계획: 분쟁 없이 자산이 이전될 수 있도록 법적·세무적 준비를 해두면 가족 모두 편안합니다.

④ 포인트: 60대는 '버는 능력'보다 '지키는 능력'이 중요한 시기입니다.

(3) 관계 정리와 깊이 만들기

① 소중한 사람과의 시간: 배우자, 자녀, 손주와의 시간을 의도적으로 만듭니다.

② 불필요한 인간관계 정리: 에너지를 빼앗는 관계는 과감히 줄입니다.

③ 사회적 관계 유지: 친구, 동호회, 봉사 모임 등을 통해 사회적 고립을 막습니다.

④ 포인트: 나를 행복하게 하는 사람과만 시간을 쓰는 것이 60대의 특권입니다.

(4) 마음의 집 청소

① 용서와 화해: 오래된 원망을 정리하면 마음이 가벼워집니다.

② 후회 줄이기: 아직 할 수 있는 일은 지금 시작하고, 지나간 일은 놓아줍니다.

③ 감사 일기: 하루 3가지 감사한 일을 적는 습관은 정신 건강에 큰 힘이 됩니다.

④ 포인트: 마음이 편안해야 나머지 인생이 깊어집니다.

(5) 새로운 배움과 도전

① 취미 생활: 악기, 그림, 글쓰기, 사진 등 오래 할 수 있는 활동을 시작합니다.

② 디지털 적응: 스마트폰, 온라인 금융, AI 활용 등 시대 흐름을 익히면 세상과 단절되지 않습니다.

③ 여행과 경험: 체력이 허락할 때 가보고 싶었던 곳을 가고, 새로

운 사람과 경험을 만나세요.

④ 포인트: 배움과 도전은 나이를 잊게 만드는 최고의 방법입니다.

(6) 삶의 의미 재정의

60대는 '성취'보다 '의미'가 중심이 됩니다.

① 봉사 활동: 재능 기부나 사회봉사는 삶에 보람을 줍니다.
② 후세를 위한 기록: 나의 경험과 교훈을 글, 영상, 인터뷰 등으로 남기면 가족과 후손에게 귀한 유산이 됩니다.
③ 신앙·명상: 자신만의 내면적 중심을 찾는 것도 큰 힘이 됩니다.

(7) 정리

60대에 꼭 해야 하는 일은 단순히 은퇴 준비가 아니라, '내가 남은 인생을 어떻게 살고 싶은지'를 명확히 하고 그에 맞춰 건강·재정·관계·마음·배움·의미를 새롭게 설계하는 것입니다. 앞으로 20~30년의 여정이 '마무리'가 아니라 '또 하나의 전성기'가 되도록, 지금이 바로 두 번째 인생을 디자인할 시간입니다.

인생을 살면서 70대에 꼭 해야 하는 일은

70대는 '남은 삶을 완성하는 시기'이자, 젊은 날 모아온 경험과 지혜가 가장 깊게 빛나는 시기입니다. 이 시기를 어떻게 보내느냐에 따라 마지막 장이 아름다운 인생이 될 수도 있고, 후회로 가득 찬 시간이 될 수도 있습니다.

(1) 건강 관리가 '최우선 과업'이 되어야 한다

70대에 건강은 '기본 조건'이 아니라 '유지하기 위한 노력'입니다. 정기 건강검진: 미루면 늦습니다. 조기 발견이 곧 생명 연장입니다.

① 근력 유지: 가벼운 근력 운동과 스트레칭은 넘어짐과 골절을 예방합니다.
② 식습관 관리: 과식보다 균형 잡힌 식사, 단백질과 수분 섭취를 챙겨야 합니다.

③ 포인트: 70대 이후의 건강은 '기본 체력'보다 '꾸준함'에서 결정됩니다. 하루 30분 걷기라도 빠지지 않는 습관이 중요합니다.

(2) 삶을 단순화하고 '정리'하기

① 물건 정리: 사용하지 않는 물건, 오래된 서류, 집 안의 짐을 줄입니다.

② 재정 정리: 자산 구조를 단순하게 만들어 관리 부담을 줄이고, 상속·증여 계획을 세웁니다.

③ 인간관계 정리: 억지로 유지하는 관계보다, 마음이 편한 사람과만 교류합니다.

④ 포인트: 삶의 짐이 줄어들수록 정신이 가벼워지고, 진짜 중요한 것에 집중할 수 있습니다.

(3) 나눔과 봉사로 의미 있는 시간 보내기

70대는 받은 것을 돌려줄 때입니다.

① 재능 나눔: 평생의 경험을 강의나 멘토링으로 전합니다.

② 작은 기부: 금액보다 진심이 중요합니다.

③ 자원봉사: 지역 사회와 연결되어 삶의 활력을 얻습니다.

④ 포인트: 나눔은 남을 위한 것이 아니라, 스스로 삶의 의미를 더 깊게 느끼게 해줍니다.

(4) 배우고 도전하는 마음 유지

나이가 들어도 '처음 해보는 것'을 시도해야 뇌와 마음이 젊어집니다.

① 악기, 그림, 외국어 같은 취미 배우기
② 새로운 여행지 탐험
③ 최신 기술(스마트폰·AI) 익히기
④ 포인트: 배우는 순간 뇌가 활발해지고, 기억력과 사고력이 유지됩니다.

(5) 가족과의 추억 만들기

이 시기의 가족과의 시간은 무엇보다 소중합니다.

① 손주와의 특별한 여행
② 가족 앨범 만들기
③ 자서전이나 회고록 쓰기

④ 포인트: 시간이 지나면 돈보다 추억이 더 큰 유산이 됩니다.

(6) 마음의 평화 찾기

70대에는 '해야 할 일'보다 '마음을 비우는 일'이 더 중요해집니다.

① 종교나 명상으로 마음 다스리기

② 용서와 화해로 관계 마무리하기

③ 자연 속에서 보내는 시간 늘리기

④ 포인트: 평화로운 마음은 최고의 노후 자산입니다.

(7) '마지막 준비'도 지혜롭게

① 장례 방식, 유언, 재산 분배 등 중요한 결정을 미리 해둡니다.

② 의료 연명치료 여부 등도 가족과 상의합니다.

③ 포인트: 이런 준비는 죽음을 부르는 것이 아니라, 남은 시간을 더 가볍고 자유롭게 해줍니다.

(8) 정리

70대는 '삶의 결산'이 아니라 '삶의 완성'입니다. 건강을 지키고, 마음을 비우며, 나눔과 사랑으로 하루하루를 채운다면 남은 인생은 나이와 상관없이 빛날 수 있습니다. 70세 이후의 목표는 단순합니다.

"몸은 가볍게, 마음은 넓게, 삶은 깊게."

인생을 살면서 80대에 꼭 해야 하는 일은

80대는 '마무리의 시간'이 아니라, '정리와 전수의 시간'입니다. 젊은 시절에는 도전과 성취가 중심이었다면, 이제는 지혜를 나누고 인생의 아름다운 마침표를 그려나가는 시기입니다. 이 시기에 해야 할 중요한 일들은 다음과 같습니다.

(1) 삶을 정리하고 기록하기

80대는 지나온 세월을 돌아보고, 그 속에서 배운 것과 남기고 싶은 이야기를 기록하는 시간이 되어야 합니다. 삶을 기록하는 일은 단순한 정리가 아니라, 후대에 남기는 '인생의 선물'입니다.

① 자서전이나 회고록 쓰기: 종이에 직접 적어도 좋고, 음성이나 영상으로 남겨도 좋습니다.
② 가족사 기록: 가문의 이야기, 가계도, 사진첩을 정리하여 후손에게 전달합니다.

③ 중요 문서 정리: 재산, 계약서, 보험, 유언장 등 필요한 서류를 정돈합니다.

(2) 관계의 빚을 갚고 화해하기

80대가 되면 마음속에 남은 관계의 매듭을 풀어야 합니다. 오래된 오해나 서운함을 풀고, 용서와 화해의 말을 전하세요. 멀어진 친구나 친척에게 먼저 연락하세요. 가족과의 시간을 소중히 하고, 사랑한다는 말을 아끼지 마세요. 남은 시간이 길든 짧든, 마음이 가벼워져야 더 따뜻하게 하루를 살 수 있습니다.

(3) 건강을 지키는 일상 루틴 유지하기

80대에도 몸과 마음의 건강은 '삶의 질'을 결정합니다. 건강을 위한 습관은 장수를 위해서가 아니라, 마지막까지 존엄하게 살기 위해서 필요합니다.

① 무리하지 않는 가벼운 운동(걷기, 스트레칭, 가벼운 근력 운동)
② 규칙적인 식사와 수면
③ 취미와 여가 활동 유지

(4) 지혜와 경험 전수하기

80대는 경험의 깊이가 가장 깊은 시기입니다. 자녀, 손주, 후배들에게 인생에서 배운 교훈을 들려주세요. 기술, 손재주, 가업(家業)의 노하우를 전해주세요. 지역사회나 봉사단체에서 후배 멘토 역할을 하세요. 지혜는 나눌수록 빛이 납니다. 당신의 말 한마디가 누군가의 인생을 바꿀 수도 있습니다.

(5) 나답게 살며 즐기기

이제는 사회적 시선이나 성취에 매달릴 이유가 없습니다. 하고 싶었던 취미를 시작하거나 이어가세요. 여행, 문화생활, 친구 모임 등 마음이 가는 일을 하세요. 하루하루를 감사와 기쁨으로 채우세요. 80대는 '남을 위한 삶'에서 '나를 위한 삶'으로 돌아오는 마지막 선물 같은 시기입니다.

(6) 마음의 준비와 영성의 성숙

언젠가는 누구나 마지막 길을 갑니다. 삶과 죽음에 대한 마음의 준비를 합니다. 종교적·철학적 성찰로 마음을 평안하게 합니다. 자신이 떠난 후에도 사랑이 남도록, 유산·기부·편지를 준비합니다. 이 시기에 준비된 사람은 떠나는 순간까지 품위 있고 당당하게 살아갑니다.

(7) 정리

80대는 '끝'이 아니라 '마무리 예술'의 시간입니다. 기록하고, 화해하고, 건강을 지키고, 지혜를 나누고, 나답게 즐기며, 마음의 준비를 하는 것, 이것이 80대에 꼭 해야 할 일입니다.

AI, 인생을 답하다
'나'라는 감옥에서 벗어나기

초판 1쇄 발행 2025년 09월 22일

지은이 김덕희
펴낸이 류태연

펴낸곳 렛츠북
주소 서울시 영등포구 문래북로 116, 트리플렉스 1005호
등록 2015년 05월 15일 제2018-000065호
전화 070-4786-4823 | **팩스** 070-7610-2823
이메일 letsbook2@naver.com | **홈페이지** http://www.letsbook21.co.kr
블로그 https://blog.naver.com/letsbook2 | **인스타그램** @letsbook2

ISBN 979-11-6054-773-3 03100

* 이 책은 저작권법에 따라 보호를 받는 저작물이므로 무단전재 및 복제를 금지하며, 이 책 내용의 전부 및 일부를 이용하려면 반드시 저작권자와 도서출판 렛츠북의 서면동의를 받아야 합니다.

* 잘못된 책은 구입하신 서점에서 바꾸어 드립니다.